Peter
Hagen

Teichbau und Teichtechnik

3., korrigierte Auflage

100 Farbfotos
30 Zeichnungen

Ulmer

Inhalt

Planung

Der Bau eines Teiches muß sehr genau überlegt und geplant werden, denn viele verschiedene Faktoren sollen zusammenpassen.

Viel Mühe und Arbeit kann man sich ersparen, wenn der Standort für den Teich sorgfältig geprüft und ausgewählt wird. Auch die Größe und die Form des Teiches festzulegen ist wesentlicher Bestandteil der Vorüberlegungen.

Die Lage eines Teiches im Garten

Ein passendes Gelände zu finden ist, gerade im kleinen Garten, oft nicht einfach. Will man an seinem Teich eine lange Zeit Freude haben, so sollten ungeeignete Flächen gar nicht erst in Betracht gezogen werden. Ungeeignete Flächen für einen Teich sind starke Hanglagen, oder aber Flächen, die mit großen Nadel- oder Laubbäumen bewachsen sind. Desgleichen eignen sich winzige Vorgärten kaum für eine Wasserfläche, da ein gut funktionierender Teich auch eine gewisse Mindestgröße haben sollte (s. Seite 19). Das ideale Gelände liegt inmitten einer Rasenfläche mit einem angrenzenden Strauch- oder Gehölzrand.

Bei der Planung ist wichtig, daß der Gartenteich von allen Seiten begehbar ist. Das heißt, es muß ein Weg um den Teich herumführen, der höchstens durch ein Einlauf eines Wasserfalls oder Bachlaufes einmal unterbrochen sein darf. Dieser Weg darf ruhig schmal sein und in den meisten Fällen sind ein paar Schrittplatten völlig ausreichend. Verzichtet man auf diese Umrandung, wird die Pflege des Teiches unnötig erschwert.

Bäume, Licht und Schatten

Zu große Bäume in der unmittelbaren Nähe wirken sich nachteilig aus. Durch ihr starkes Wurzelwerk kann der Aushub des Teichprofils schwierig werden. Darüber hinaus fügen die Erdarbeiten im Wurzelbereich dem Baum Schaden zu. Je nach Baumart, so z. B. bei Weiden, kann die Haltbarkeit einer Teichfolie durch einwachsende Wurzeln beeinträchtigt werden.

Ein weiterer Einwand sind im Herbst anfallende Laubmassen, die in den Teich fallen. Sie verschmutzen stark den Teichboden und sorgen für eine unerwünschte Anreicherung von Nährstoffen. Aus dem verrottenden Laub entstehen im Winter Faulgase, was wiederum für die Fauna schlecht ist. Der höhere Nährstoffgehalt des Wassers fördert auch den Algenwuchs.

Ebenso wichtig ist es die Lichtverhältnisse des vorgesehenen Standortes zu untersuchen. Zu starke Beschattung durch Bäume oder Bauwerke kann unerwünschte Folgen haben. Alle Wasserpflanzen in und an einem Teich sind ausgesprochen lichthungrige Pflanzen. Deshalb ist es wichtig, den Teich auch an einem aus-

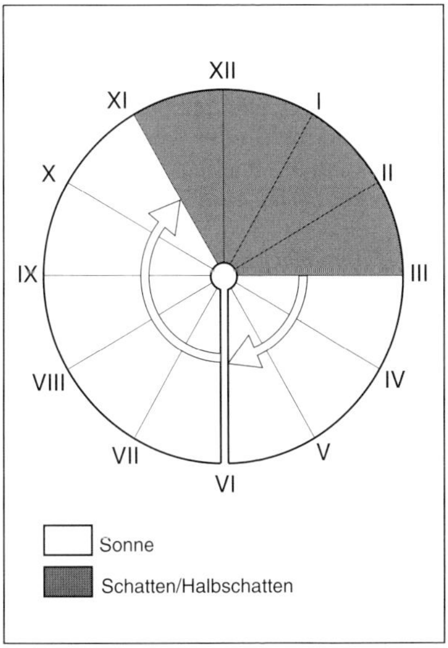

Eine Beschattung in der Zeit der stärksten Sonneneinstrahlung kann sich positiv auf die Wasserqualität auswirken.

reichend hellen Platz zu planen. Absolut schattige Plätze sind für Teiche ungeeignet, die Wasserpflanzen wachsen schlecht und Seerosen kommen nicht zur Blüte.

Der ideale Standort ist eine Fläche, die im Sommer von morgens bis etwa 11 Uhr volle Sonne hat. In der Zeit von 11 bis 15 Uhr kann Halbschatten bis Schatten vorherrschen. Sicherlich ist es nicht einfach solch einen Standort zu finden. In der freien Natur können wir diesen Standort bei natürlichen Teichen oder Seen häufig beobachten.

Die erwünschte Beschattung während der Mittagshitze kommt in erster Linie der Wasserqualität zugute. Warmes Wasser ist sehr sauerstoffarm und leistet verstärktem Algenwuchs Vorschub. Die Gefahr, daß solches Teichwasser umkippt und somit Teichlebewesen und Pflanzen gefährdet sind, liegt auf der Hand.

Der Teich in der Rasenfläche ist mit Sicherheit der beliebteste Platz an dem ein Gartenteich eingerichtet wird. In seiner Konstruktion wirft er wenig Probleme auf. Damit er aber nicht langweilig wirkt, muß die Randzone gleich in die Planung mit einbezogen werden. Gerade dieser Bereich bietet unzählige Möglichkeiten für die Gestaltung. Gleichzeitig sieht man hier aber auch die meisten Fehler und Versäumnisse.

Hügel und Gefälle

Ein Gelände mit Gefälle kann ein sehr reizvoller Platz für den Teich sein. Die Konstruktion wirft meist einige Probleme auf. In der Regel muß das Gefälle abgefangen werden, um für den zukünftigen Teich eine ebene Fläche zu schaffen. Diesen Ausgleich schafft man mit Hilfe von Steinmaterial, das keilförmig aufgeschichtet und dann mit Erdreich abgedeckt wird.

Ein natürliches hügeliges Gelände bietet die idealen Voraussetzungen für eine Teichanlage. Sehr interessant ist die Gestaltung mit mehreren Teichen unterschiedlicher Größe, in verschiedenen Formen und vor allem, dem Gelände entsprechend, auf unterschiedlichen Höhenstufen. Diese lassen sich für verbindende Bachläufe oder Wasserfälle hervorragend nutzen. Folienteiche und auch GFK-Bekken (Glasfaserverstärktes Polyesterharz) eignen sich am besten für eine solche Situation.

Leider wird man in einem normalen Garten nur selten ein entsprechendes Gelände vorfinden. Eine nachträgliche

Bodenmodellation ist meist mit hohen Kosten verbunden und setzt natürlich eine Mindestgröße des Gartens voraus. Aufgeschüttetes Erdreich kann sich durch nachträgliche Setzungen als besonders tückisch erweisen. Um dies zu umgehen, müssen Aufschüttungen, die tragfähig sein müssen, entsprechend mit Steinmaterial unterbaut werden.

Mitten rein – oder doch lieber am Rand?

Wer seinen Teich mitten im Grundstück plant, sollte dies vor der tatsächlichen Ausführung nochmals überdenken, denn ein so zentraler Schwerpunkt kann alle weiteren Möglichkeiten einer zukünftigen Gartenentwicklung blockieren. Ein Teich läßt sich nicht gerade so einfach versetzen wie ein junger Baum. Ein weniger zentral gelegener Ort ist also in der Regel die bessere Lösung. Zudem lassen sich natürliche Gegebenheiten häufig nutzen. Fällt das Gelände zum Grundstücksrand mehr oder weniger leicht ab, so kann ein Bachlauf von nahezu beliebiger Länge eine ideale Ergänzung sein.

Mit dem Nachbarn sollte man vorher sprechen und klären, ob er in absehbarer Zeit an der Stelle, an der der Teich geplant ist, einen größeren Laubbaum pflanzen will, der sich dann später ungünstig auf den Teich auswirken könnte.

Der Teich an einer Mauer

Diese Lage für einen Gartenteich ist besonders schön, wenn es sich um ein

Der Wasserfall entspringt in einer Ecke des Gartens.

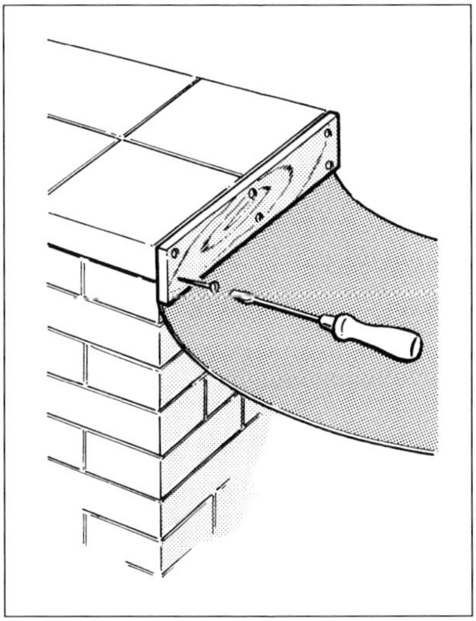

Folienteiche, die an eine Mauer oder Terrasse anschließen, benötigen eine Abschlußkante aus Metallprofilen oder Holzleisten. Die Folie wird mit Silikon oder Kautschukkleber angeklebt, so kann sie beim Anschrauben nicht mehr verrutschen.

Mauereck handelt. Das Eck läßt sich, wenn schon nicht naturnah, so optisch doch sehr wirkungsvoll, für einen Wasserfall verwenden, der in der Mauer beginnt. Die Lage an der Mauer selbst sorgt für einen gelungenen Abschluß des Gartens und ermöglicht problemlos weitere Gartenplanungsarbeiten.

Nicht jeder hat natürlich eine schöne alte Mauer aus Bruchsteinen, oftmals handelt es sich um weniger schön aussehende Betonmauern. Doch auch diese können durch Bepflanzung mit selbstklimmendem Wilden Wein sehr positiv auf die Gestaltung einwirken.

Der Teich an der Terrasse

Die Aussicht von einem Sitzplatz aus, sich am reichen Leben eines Gartenteichs erfreuen zu können, macht diese Lage besonders reizvoll. Es lohnt sich auf jeden Fall zu prüfen, ob der Teich an einem bestehenden Sitzplatz

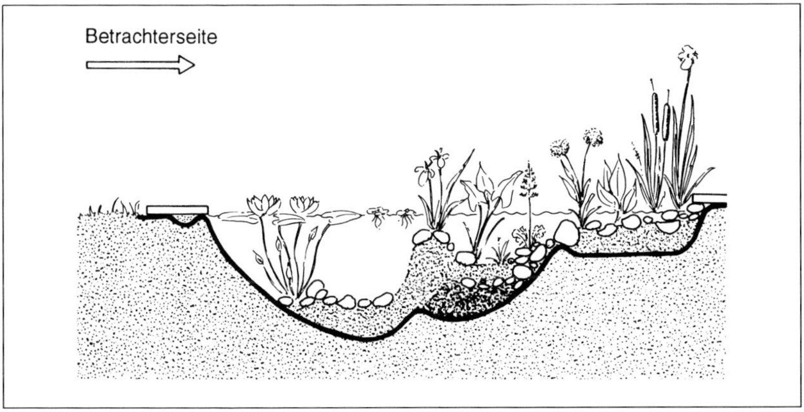

Grenzt der Teich an eine Terrasse, so sollten die Seerosen durch einen entsprechenden Aufbau der Pflanzzonen in den Vordergrund gestellt werden, sonst werden sie durch hohe Pflanzen verdeckt.

Rechtwinklige Teichformen können sich im Anschluß an Terrassen anbieten.

entstehen, oder ein weiterer Sitzplatz am Teich gebaut werden kann. Die Anschlußstelle zwischen Teich und Sitzplatz bedarf besonderer Sorgfalt. Am einfachsten ist es, wenn man Fertigbecken verwendet, die auf einer Seite eine lange, gerade Kante haben. Auch Stege oder Holzdecks (S. 104) können zu gelungenen Lösungen führen.

Ein anderes Problem ist die Sicherheit an solch einem Teich. Liebhaber von Seerosen wollen diese meist im Vordergrund haben. Man bedenke, daß die Betrachterseite an der Terrassenkante liegt und diese sollte in diesem Fall die tiefste Stelle sein. Der Teich erreicht also an der Kante relativ rasch eine Tiefe von 80 bis 100 cm. Höher wachsende Pflanzen im Vordergrund würden leider die Sicht auf den Teich versperren. Besondere Schutzmaßnahmen, eventuell eine Beleuchtungsanlage oder auch der Verzicht auf die Seerosenüppigkeit und eine flachere Randgestaltung können in diesen Fällen zur Sicherheit beitragen.

Der Teich auf der Terrasse

Nicht selten haben Terrassen eine Größe, die es erlaubt einen Teich dort einzurichten. Generell bieten sich zwei Möglichkeiten an:

1. Der im Boden eingelassene Teich.

2. Der aufgesetzte Teich, also ein Teichprofil, das auf dem Terrassenboden aufsitzt.

Für den in der Terrasse eingelassenen Teich bieten sich runde oder eckige, geometrische Formen. Ist die Terrasse groß genug, können auch nebeneinander kleine Teiche in unterschiedlichen Größen angelegt werden. Durch geschickte Bepflanzung, mit Seerosen und anderen Wasserpflanzen, bieten sich mannigfaltige Möglichkeiten.

Der aufgesetzte Teich benötigt von vornherein mehr Platz und die Einfassung des Beckens muß sorgfältig ausgewählt werden. Die früher gerne verwendeten Bahnschwellen sollten aus Gründen des Umweltschutzes nicht mehr benutzt werden. Es gibt aber eine Reihe von anderen Hölzern mit denen gute Lösungen möglich sind (S. 105). Kleine Mäuerchen aus Klinker, Sandsteinriemchen oder auch

Mit Holz lassen sich schöne Lösungen für Teiche auf Terrassen realisieren.

Betonsteine für die Umrandung sind eine einfache Lösung, die ästhetisch nicht immer befriedigen kann.

Kleinpflaster ergeben mit einiger Sorgfalt und etwas handwerkliche Erfahrung gute Einfassungen. Als Trokkenmauer aufgeschichtete Natursteine sind eine hervorragende Lösung, die gleichzeitig auch am meisten Platz braucht. Zu bedenken ist das Gewicht eines solchen Teiches, besonders wenn die Terrasse als überbauter Kellerraum errichtet wurde.

Bei kleinen Terrassen kann der Bau eines Sprudelsteinbeckens in Erwägung gezogen werden (S. 111). Im Grunde sind der Phantasie nur Grenzen durch den Geschmack gesetzt. In jedem Fall sollte das Material der Terrasse und der Teichumrandung miteinander harmonieren.

Sicherheit am Teich

Häufig wird die Frage nach der Sicherheit von Gartenteichen zu einem entscheidendem Kriterium. Einige Vorkehrungen können die Gefahr von Unfällen oder ihre Folgen mindern. Teichanlagen sollten von vornherein in eingezäunten Grundstücken gebaut werden. Hiermit soll auf die Verkehrssicherungspflicht von Teichbesitzern aufmerksam gemacht werden. Eine verbindliche rechtliche Aussage hierzu ist im Rahmen dieses Buches nicht möglich. Doch das sollte man wissen: Liegt ein Teich in einem umzäunten Gebiet, so kann der Besitzer sich darauf verlassen, daß Unbefugte nicht in sein Gelände eindringen. Geschieht dies trotzdem und passiert ein Unfall, so kann der Besitzer hierfür nicht haftbar gemacht werden. Anders verhält es sich bei Teichanlagen in Geländen ohne Zaun. Der Teichbesitzer ist dann verpflichtet Vorkehrungen in einer zumutbaren Größenordnung zu treffen, die einen Unfall ausschließen. Eine Teichanlage kann im Rahmen einer Haftpflichtversicherung abgesichert werden. Die Bedingungen hierfür sind mit den einzelnen Versicherungsgesellschaften abzuklären.

Teiche und Kinder

Wenn Kinder von etwas geradezu magisch angezogen werden, dann ist es Wasser. Kleinstkinder, die gerade laufen lernen und ein Gartenteich sind leider zwei Dinge, die sich nur sehr schwer miteinander verbinden lassen. Vernunft ist einem kleinen Kind noch nicht gegeben und Appelle – das darfst du nicht – sind kaum angebracht. Es bieten sich zwei Alternativen an: man wartet bis das Kind größer ist und schwimmen kann oder baut einen Teich mit Sicherungsmaßnahmen.

Für die Sicherheit werden im Fachhandel Teichnetze angeboten, die aus einem Zaungeflecht bestehen, das über die Teichoberfläche gespannt wird. Zum Lieferprogramm gehören lange Bodenanker, mit denen das Netz am Rand befestigt werden kann. Solch ein Netz wirkt anfangs wenig attraktiv, sobald es aber einmal von

Vorbeugender Schutz für Kinder an Teichen

keine Tiefzone direkt am Rand
keine ungesicherten Brücken oder Stege
flache Uferzonen und Böschungen
grobe Steine und Kiesel am Rand
Pflanzen (Binsen) am Rand, an denen man sich notfalls festhalten kann.

Teiche bedeuten nicht nur Gefahr, sie laden auch zum Spielen und Entdecken ein.

Wasserpflanzen durchwachsen ist, ist es weitgehend unsichtbar. Bei richtiger Befestigung liegt das Netz knapp über der Wasseroberfläche und verhindert, daß ein Kind in das Wasser fallen kann. Entscheidend ist aber vor allem der richtige Bau der Anlage. Vermeiden sie steile Hänge am Teichrand. Ein ganz sanft abfallendes Teichprofil bietet schon eine große Sicherheit.

Für Kinder, mit denen man schon reden kann, gibt es eine recht interessante Möglichkeit der Kindersicherung, die auf Ablenkung beruht. Sie besteht ganz einfach darin, daß den Kindern ein eigener »kindersicherer Teich« gebaut wird, in dem sie spielen können. Der Mittelpunkt eines solchen Kinderteiches kann eine Sandburg sein. Der richtige Teich stellt eine Verbotszone dar. Es gibt im Grunde genommen wenige Tips, die zu einer absoluten Kindersicherheit am Teich führen. Die besten Maßnahmen sind die Aufklärung über die Gefahren, die ein Teich in sich birgt, und die richtige Bauweise.

Seit neuestem gibt es elektronische Warngeräte in Form eines Schwimmkörpers, die einen Alarmton abgeben, sobald ein Gewicht ab 15 kg unvermutet in das Wasser fällt. Sofern sich der Gartenteich nicht gerade außerhalb der Hör- und Sichtweite befindet, könnte dies eine wirksame Kindersicherung darstellen.

Teichbauarten im Vergleich

In nur ganz wenigen Gebieten wird ein so dichter Tonboden oder ein solcher Grundwasserstand auftreten, daß auf jegliche Baustoffe für die Auskleidung eines Teichprofils verzichtet werden kann. Selbst in diesen »natürlichen« Teichen ist im Sommer die Gefahr gegeben, daß sie bei großer Hitze rissig werden und dann sehr schnell Wasser verlieren.

Auf dem Markt werden sehr viele verschiedene Baumöglichkeiten und Materialien angeboten, die für den Teichbau geeignet sind. Jedes Baumaterial hat seine eigenen Vor- und Nachteile. Einen ersten Überblick gibt die Tabelle. Ansonsten kann man in den Spezialkapiteln zu den Bauweisen recht schnell herausfinden, was den eigenen Fähigkeiten und Bedürfnissen entspricht.

Mehr Teich für's Geld – Kostenvergleich

Jeder, der einen Gartenteich plant, möchte gerne wissen, was so etwas tatsächlich kostet. Der Kostenaufwand dafür ist nicht unerheblich und zumindest am Anfang kaum überschaubar. Eine vom »Fachmann« gebaute Teichanlage ist infolge der Lohnkosten sicherlich teurer, allerdings hat man so die Gewährleistung einer fachgerecht ausgeführten Arbeit. Preiswerter ist es, den Teich in Eigenleistung zu erstellen. Die Kostenrechnung bezieht sich dann nur auf Materialkosten.

Der größte Teil der kostenverursachenden Materialien wird sofort benötigt. Nur wenige Kostenstellen, wie Pumpen, Wasserspiele und besonders aufwendige Gestaltungen für den Teichrand, lassen sich auf einen späteren Zeitpunkt verschieben.

Holt man sich ein Angebot von einem Landschaftsgärtner ein, so werden hierzu gerne Angaben zu m^2 verlegter Teichabdichtung, sprich Folie, gemacht. Man beachte bitte, daß dies mit dem tatsächlichen Teichmaß nicht übereinstimmt. Die eigentliche Wasseroberfläche fällt kleiner aus.

Die Kostenberechnung bezieht sich auf eine Teichfoliengröße von 60 m^2, was eine tatsächliche Wasseroberfläche von etwa 40 m^2 ergibt. Würde man den gleichen Teich mit verschiedenen Abdichtungsmaterialien bauen, ergeben sich auf Grund der unterschiedlichen Preise für die Abdichtung ganz andere Werte. Fertigbecken müssen auf Grund ihrer festgelegten Größen in diesem Fall ausgeklammert werden. Auch der Arbeitsaufwand ist für die verschiedenen Teichbaumaterialien sehr unterschiedlich. Gelegentlich wird man sich für die auszuführenden Arbeiten Hilfe holen müssen. Dies verursacht weitere Kosten, es sei denn, die Teichanlage wird mit Nachbarschaftshilfe errichtet. Die angegebenen Zahlen sind als Richtwerte zu

Teichbauten im Vergleich			
Teichart	Vorteil	Nachteil	Materialien
Folienteich	preiswert, Formgebung kann geplant werden, PVC läßt sich auf der Baustelle gut verschweißen, für alle Teichgrößen einsetzbar, viele Materialien recyclebar	PVC gilt als ökologisch bedenklich	PVC (Polyvinylchlorid) PE (Polyethylen), EVA (Ethylvinylacetat), Kautschuk, Bituminierte Folien
Fertigbecken	schneller Einbau, sehr haltbar	teuer, Größe ist begrenzt, Verbindung mehrerer Becken aufwendig, Pflanzzonen häufig zu klein	PVC (Polyvinylchlorid), HDPE ( ) GFK (glasfaserverstärkter Kunststoff)
Polyester	Formgebung kann geplant werden, sehr haltbar, gut geeignet für Fischbecken	arbeitsintensiv, verlangt handwerkliches Geschick und sorgfältige Ausführung, teuer	Glasfasermatten werden mit Polyesterharzen im Gelände eingebaut
Betonbecken	Formgebung kann geplant werden, dauerhaft	arbeitsintensiv, verlangt Spezialkenntnisse und größte Sorgfalt, sonst schadensanfällig, reparaturunfreundlich, steile Böschungen müssen geschalt werden	Spezialbeton mit Stahlarmierung
Naturbaustoffe	umweltfreundlich, natürlicher Übergang zum Teichrand möglich	arbeitsintensiv, teuer, durch technisch notwendigen flachen Böschungswinkel (1:3) nur für größere Teiche geeignet, nur auf bindigen, lehmigen Böden	Tonmineralien (Montmorillonit, Bentonit) in Form von Ziegeln, Pulver und Vliesen

Beispielrechnung für die Materialkosten		
Material	Einzelpreis	Gesamtpreis
60 m² Teichfolie 1 mm	11,90	714,00
40 m² Teichvlies	6,90	276,00
1 m³ gesiebter Sand		45,00
5 m HT Rohr mit Muffen und Anschlüssen für Kanal		100,00
20 Sack Teicherde à 10 Liter	8,90	178,00
60 Sumpf- und Wasserpflanzen	5,90	354,00
2 m³ Sand als Deckschicht	45,00	90,00
3,5 m³ gewaschene Kiesel	60,00	210,00
1,5 t Oberrheinkiesel	200,00	300,00
1,0 t Gletscherfindlinge		850,00
200 Stauden für die Randgestaltung	3.90	780,00
25 Kleingehölze für Randgestaltung	25,00	625,00
1 Teichpumpe		390,00
5 m Klarsichtschlauch	4,90	24,50
1 Quellstein		150,00
1 Satz Kleinbauteile für Pumpe		35,00
Gesamtkosten		5121,50

betrachten, alle Werte können sich auf Grund örtlicher Gegebenheiten oder individuellen Wünschen nach oben oder unten verändern.

Form und Profil des Gartenteichs

Teiche sollten so naturnah wie möglich gestaltet werden. Hierdurch sind von vornherein eckige oder quadratische Formen weitgehend ausgeschlossen. Solche Formen kommen auch in der Natur nicht vor und eignen sich in der Regel nur für sehr formal angelegte Gärten. Da bei den meisten Teichbaustoffen eine flexible Gestaltung möglich ist, sollte davon auch rege Gebrauch gemacht werden. Die beliebteste Form ist immer noch die Nierenform, die sich durch vielfältige Veränderungen, wie z. B. weitere Einbuchtungen oder Halbinseln beliebig weiter gestalten läßt.

Die zukünftige Form des Teiches läßt sich durch einen sehr einfachen, aber wirksamen Trick auf dem zukünftigen Gelände markieren. Hierzu benötigt man einen farbigen Gartenschlauch, der sich wirksam vom Gelände abhebt. Mit Hilfe des Schlauches werden die Konturen des Teiches abgelegt. Dieses Spiel kann durch Veränderungen des gelegten Schlauches so lange fortgeführt werden, bis jedes Familienmitglied mit der Form und der Größe einverstanden ist.

Ein Teich kann gar nicht groß genug sein, denn ein kleiner Teich macht oft unverhältnismäßig mehr Arbeit. Das geringe Wasservolumen macht ihn anfällig bei großer Hitze gegen Sauerstoffarmut. Oft wachsen die Pflanzen so stark, daß sie häufig zurückgeschnitten oder geteilt werden müssen. Ist der Teich zu klein, so müssen die Böschungen viel zu steil angelegt werden, um die Mindesttiefe zu erreichen. Ein runder Gartenteich von 4 m Durchmesser erreicht bei einer Uferneigung von 1:2 (auf 100 cm Länge 50 cm Gefälle) gerade in der Mitte die Mindesttiefe von 90 bis 100 cm. Beachten Sie also, daß wenigstens eine Stelle ausreichend breit sein muß, um die Böschungen nicht zu steil machen zu müssen.

◁ *Runde Formen sind auch für kleinere Teiche vorzuziehen.*

Entscheidungshilfen für die Formgebung

- Die Form den Gegebenheiten des Geländes anpassen
- Möglichst auf lange gerade Linien verzichten
- Die unterschiedlichen Wassertiefen von vornherein berücksichtigen
- Einbuchtungen und Halbinseln planen
- Daran denken, daß ein fertiger Teich immer sehr viel kleiner wirkt, als bei seiner Planung.

Bevor der Gartenschlauch entfernt wird, sollte der Umriß mit dem Spaten auf dem Gelände in Form eines kleinen Grabens markiert werden. Genausogut kann Kalk oder Sand als Markierung gestreut werden.

Halbinseln und Buchten können als gestalterische Mittel große Teichanlagen ab 100 m^2 Wasserfläche bereichern. Bei kleineren Teichen wirken Halbinseln eher deplaziert und ver-

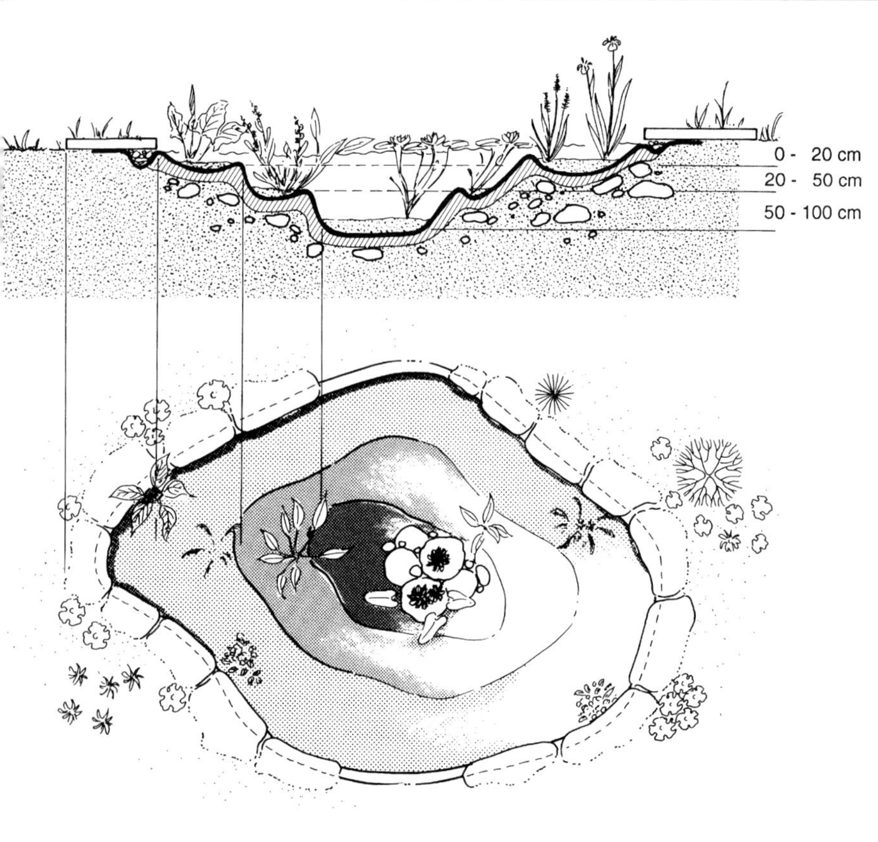

Der Teich im Profil und aus der Vogelperspektive mit der Anordnung der Pflanzzonen.

kleinern das Gesamtbild. Ähnlich verhält es sich mit zu großzügig geplanten Buchten. Auch diese wirken erst ab einer bestimmten Teichgröße. Dies sollte allerdings niemanden davon abhalten seinen Teich in geschwungenen Formen zu gestalten.

Bei den Halbinseln, vor allem wenn es sich bei dem Teichbaumaterial um Folie handelt, muß darauf geachtet werden, daß der Untergrund der Halbinsel soweit verdichtet ist, daß er auch später begehbar ist. Je nach vorhandenen Bodenverhältnissen ist der Einbau einer Schotterschicht hier unerläßlich.

Die Sumpfzone
Jeder Gartenteich zeichnet sich durch unterschiedliche Wassertiefen aus. Die interessanteste Zone mit der vielfältigsten Flora und Fauna ist zweifelsohne die Sumpfzone. Etwa 60% aller Sumpf- und Wasserpflanzen kommen in diesem Bereich vor. Leider ist es kaum möglich einen Teich nur aus solch einer Zone entstehen zu lassen. Ohne ausreichende Wasserzufuhr, die nur aus der nächst tieferen Wasserzone möglich ist, wäre eine Sumpfzone alleine nicht überlebensfähig. Durch die zu geringe Wassertiefe würde der Teich sich im Sommer sehr schnell stark aufheizen. Sauerstoffarmut bis hin zum »Umkippen« des Gewässers sind dann die Folge.

Die Sumpfzone hat eine Wassertiefe von 0 bis 20 cm und muß mit der nächst tieferen Zone verbunden sein. Der Anteil der Sumpfzone sollte etwa 40% von der Gesamtteichfläche ausmachen.

Die Flachwasserzone
Die nächst tiefere Wasserzone ist die Flachwasserzone. Sie hat eine Tiefe von 20 bis 50 cm.

Auch hier wachsen sehr schöne Wasserpflanzen. Die Anzahl der Arten, unter denen ausgewählt werden kann, ist allerdings schon deutlich eingeschränkt. Sehr dekorativ wirken in diesem Bereich größere Steine, Findlinge oder Sprudelsteine, besonders wenn sie noch halb vom Wasser bedeckt werden.

Sind Halbinseln, Stege oder Brücken geplant, so sollten sie hier gebaut werden.Da nicht zuletzt diese Zone maßgebend auf den Wasserinhalt eines Teiches einwirkt, sollte diese Fläche etwa 35% der Teichgröße einnehmen.

Der Übergang von feuchten Standorten zum flachen Wasser ist für viele Pflanzen der ideale Standort. Hat man ausreichend Platz im Garten, sollte diese Zone sehr großzügig gestaltet werden.

Die Tiefwasserzone
Die Tiefwasserzone sollte zwischen 80 und 100 cm tief sein und in der Gesamtfläche eines Teiches nicht mehr als 25% einnehmen, wobei diese Prozentzahl schon eher an der oberen Grenze angesiedelt ist. Für die Funktionsfähigkeit eines Teiches ist diese Zone entscheidend. Nur durch eine Tiefwasserzone ist gewährleistet, daß sich die Wassertemperatur im Sommer nicht unnötig schnell erhöht. Liebhaber von Fischen bieten diesen Tieren und natürlich auch allen anderen Teichlebewesen durch ausreichende Wassertiefe einen optimalen Winterschutz.

Der Wunsch fast eines jeden Teichbesitzers ist natürlich eine blühende Seerose. Auch hier ist die Tiefwasser

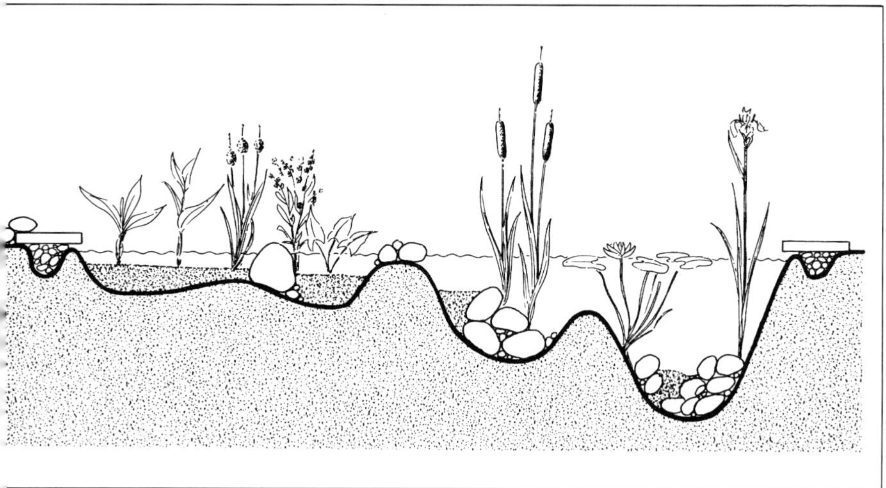

zone wichtig, denn ein Großteil aller Seerosen wächst am besten in einer Tiefe von 50 bis 80 cm. Natürlich gibt es solche, die im flacheren Wasser gedeihen. Viel tiefer muß die Tiefwasserzone nur in sehr großen Teichen sein. Bei Tiefen über 150 cm tun sich Seerosen, die im Winter einziehen, mit dem Austreiben sehr schwer. Es dauert dann zu lange, bis die Blätter und Blüten an die Wasseroberfläche gelangen.

Beispiel für eine asymmetrische Anordnung der Pflanzzonen.

Fertig ausgehobenes Teichprofil. Der Aushub wird in unmittelbarer Nähe gelagert. ▷

Erdarbeiten und Höhenmessung

Böden kennen, lagern und nutzen

Erdarbeiten sind bei dem Bau eines Teiches unerläßlich und sie stellen mit Sicherheit den anstrengendsten Teil der Arbeit dar. Die Böden lassen sich entsprechend ihrer Kornzusammensetzung in unterschiedliche Bodenarten gruppieren. Je höher der Anteil an Feinteilchen im Boden ist, um so schwerer ist er und um so arbeitsaufwendiger ist seine Bearbeitung.

Bei einer Gesamtaushubtiefe eines Teiches von 90 cm fallen je nach Standort mehrere verschiedene Bodenarten an. Die wertvollste Schicht ist die Mutterbodenschicht. Sie sollte, wie alle vorkommenden Bodenarten, getrennt, aber in unmittelbarer Nähe des Teiches gelagert werden. Mutterboden, oder auch Oberboden, ist die oberste Schicht des Bodens, die reich an Bodenlebewesen ist und Humus enthält. Sie ist meist 20 bis 30 cm stark. Neuer Boden ist nicht unbegrenzt verfügbar, da er ja nicht produziert werden kann. Bei einem Ankauf muß man meist nehmen, was aus derzeitigen Bauvorhaben im Straßenverkehr oder Hausbau verfügbar ist, ohne großen Einfluß auf die Qualität zu haben. Meist sind daher auch die Gartenböden in Neubaugebieten von recht bescheidener Beschaffenheit und erst nach mehrmaliger Bodenverbesserung gut nutzbar. Deshalb sollte mit dem Oberboden sehr sorgsam umgegangen werden.

Beim Aushub des Teiches stößt man also rasch auf den Unterboden. Er ist die unter dem Oberboden liegende verwitterte Bodenschicht, die unter Zusatz von Bodenverbesserungsmit-

Boden- und Felsarten, entsprechend ihrem Zustand beim Lösen

Oberboden. Oberboden (Mutterboden) ist die oberste Schicht des Bodens, die besonders reich an Bodenlebewesen ist und Humus enthält. Er ist meist 20 bis 30 cm stark.
Wasserhaltender Boden. Bodenarten, die wegen ihres hohen Wassergehalts von weicher bis fließender Beschaffenheit sind und das Wasser nur schwer abgeben.
Leichter Boden. Nicht bindige Sande und Kiese bis zu 70 mm Korngröße, bei denen keine oder nur geringe Bindung mit lehmigen oder tonartigen Bodenarten vorhanden ist.
Mittelschwerer Boden. Bodenarten, die in naturfeuchtem Zustand einen erheblichen Zusammenhalt haben. Diese Bodenarten können noch mit einem Spaten bearbeitet werden.
Schwerer Boden. Bodenarten mit festem Zusammenhalt und von zäher Beschaffenheit, z. B. fetter, steifer Ton. Ferner Bodenarten der vorherigen Klasse, die stark ausgetrocknet sind. Diese Bodenarten können mit einem Spaten nicht mehr bearbeitet werden, sondern müssen besonders aufgelockert werden.
Leichter Fels. Locker gelagerte Gesteinsarten, die stark klüftig, bröckelig, brüchig, schiefrig oder verwittert sind. Ferner Sand oder Kiesschichten, die durch chemische Vorgänge verfestigt sind und Mergelschichten mit Steinen über 200 mm Durchmesser.
Schwerer Fels. Festgelagerte Gesteinsarten, die nur mit Bohr- und Sprengarbeiten zu lösen sind.

teln (Sand, Kompost etc.) auch für Pflanzen geeignet sein kann. Darüber hinaus ist man vor keiner Überraschung sicher. Von dicken Tonschichten über mächtige Steine bis hin zum Bauschutt läßt sich fast alles finden.

Mutterboden wird später für die Randgestaltung des Teiches benötigt. Verfügt man über Lehm oder Tonböden, so bilden diese eine ideale Grundlage für das Teichsubstrat. Es ist also ganz besonders wichtig, sich ein genaues Urteil über den Zustand und die Qualität der ausgehobenen Erde zu machen und dann eine getrennte Lagerung der verschiedenen Erdmassen vorzunehmen.

Mit dem Aushub können Sie Höhenunterschiede schaffen, die den Garten bereichern. Am besten lagert man den Aushub an der Stelle, an der der Teichrand modelliert werden soll. Der entstehende Wall eignet sich als Teichböschung, oder man kann damit den Bachlauf gestalten. Hohe oder steile Böschungspartien können mit Trockenmauern oder Palisaden vor Abschwemmungen geschützt werden. Auf jeden Fall dürfen im Randbereich von Bäumen weder Böden gelagert werden, noch Aufschüttungen stattfinden. Selbst Auffüllungen von wenigen Zentimetern können die Wurzeln älterer Bäume ernsthaft in ihrer Funktion beeinträchtigen.

Ausheben des Teichprofils

Beim Ausheben des Teichprofils entstehen leider die meisten Fehler. Dies liegt in erster Linie daran, daß dem interessierten Teichbauer selten eine gute Beratung zuteil wird und des weiteren die Anleitungen, die gelegentlich einer Teichfolie in Form eines Prospektes beigelegt sind, ganz erhebliche Mängel aufweisen.

Leider trifft dies auch für eine Reihe von Bauanleitungen zu, die man in Fachbüchern findet. Schmale, stufenförmige Terrassen im Teich sind ebenso widersinnig, wie ein großes, tiefes Loch mit steilen Wänden. Rund 70% aller Wasserpflanzen wachsen in einer Wassertiefe von 0 bis 30 cm.

Die schönsten Teiche entstehen durch eigenständige Pflanzzonen mit individuellen Wassertiefen. Diese Zonen sind dann zwar miteinander unter Wasser verbunden, aber durch kleine Dämme voneinander getrennt. Durch unterschiedliche Breiten der Dämme kann auf ganz einfache Weise auch eine kleine Insel mitten im Teich entstehen. Zum Ausheben des Teichprofils muß kein Bagger bestellt werden. Es bleibt fast immer bei Handarbeit.

Man beginnt mit dem Aushub der Sumpfzone, die flachste, aber auch größte Teichfläche. Nachdem man die Grasnarbe vorsichtig ausgestochen hat, hebt man diese Fläche 10 bis 20 cm tief aus. Die nächste Pflanzzone darf dann schon eine Tiefe von 20 bis 30 cm aufweisen, wobei sie sorgfältig durch einen Damm von der ersten abgeschottet sein soll. Die dritte Pflanzzone hat eine Tiefe von 40 bis 50 cm und die eigentliche Tiefzone ist 80 bis 100 cm tief.

Wie groß die einzelnen Flächen sein dürfen, ist eine Frage des Platzes. Sollen die Seerosen zum Mittelpunkt der Anlage werden, so sollte die tiefste Stelle eines Teiches an der Betrachterseite liegen, weil nur sie in dieser Wassertiefe wachsen. Liegen andere Pflanzzonen vor diesem Bereich, so decken die dort höher wachsenden Wasser- oder Sumpfpflanzen die Sicht auf die Seerosen ab.

Ganz entscheidend ist, daß das Gefälle von einer Pflanztiefe zur anderen ganz sanft ausläuft und nicht terrassenartig, steil angelegt wird.

Aushubtiefe

Soll der Teich an einer bepflanzten Stelle beispielsweise eine Tiefe von 30 cm haben, so muß der Aushub an dieser Stelle tiefer sein. Er setzt sich zusammen aus:

+ 30 cm gewünschte Wassertiefe
+ 2 cm Sandschicht unter der Folie
+ 4 cm Teichsubstrat
+ 2 cm Sand als Substratabdeckung

= 38 cm beträgt die tatsächliche Aushubtiefe

Vorbereitung der Teichsohle

Das ausgehobene Teichprofil sollte frei von Steinen und herausstehenden Wurzeln sein. Besonders in den Randbereichen muß der Boden gut verdichtet werden, sonst gibt es später durch Setzungen unliebsame Überraschungen.

Zur Gestaltung des Teichprofils gehört das Auskleiden mit Sand. Besteht der Untergrund aus reinem Lehmboden ohne Steine, dann kann man sich diese Arbeit sparen. Ansonsten ist

Der Sand wird sorgfältig auf der Teichsohle verteilt.

eine 2 bis 3 cm starke Sandschicht aufzubringen. Diese Sandschicht schützt später vor Steinen, die die Folie verletzen könnten.

Den selben Zweck erfüllen Schutzvliese, die ausreichend dick sein müssen. Sie können, je nach Situation, anstatt oder in Ergänzung zur Sandschicht verwendet werden.

Die besten Vliese sind die sogenannten Geotextilvliese, die, wie der Name schon sagt, eine Verbindung aus Steinwolle und Polyestergewebe sind. Sie sind unterschiedlich stark, von 0,5 bis 5 mm und wiegen 100 bis 300 g/m^2. Das Auslegen des Vlieses erfolgt auf der fertig vorbereiteten Oberfläche des Teichprofils. Zu beachten ist dabei, daß der Rand des Vlieses nicht zusammen mit der Folie am Teichrand eingegraben wird. Dies würde die Gefahr von verstärkter Kapillarwirkung mit sich bringen. Beim Verlegen selbst sollte man darauf achten, daß die Oberfläche des Teichprofils nicht unnötig betreten wird, da hierbei leicht das aufgebrachte Sandbett zerstört wird. Alle diese Schichten sind bei der Festlegung der einzelnen Wassertiefen zu berücksichtigen. Ebenso ist die einzubringende Substratschicht von vornherein mit einzukalkulieren.

Nivellierung des Teichrandes

Wenn die Höhe des Teichrands nicht stimmt, gibt es nach Fertigstellung der Arbeit oft herbe Enttäuschungen. Nichts ist an einem Teich häßlicher, als eine unnatürlich große Böschung, nur weil der Teich nicht eben liegt und das Wasserniveau, das man sich vorge-

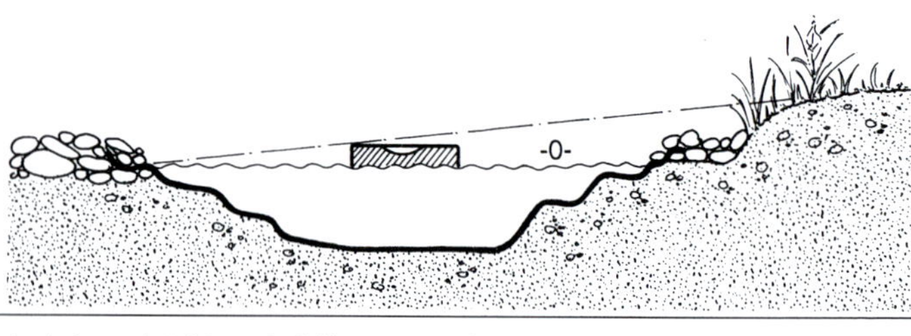

Gerade bei einem leichtem Gefälle müssen die Ränder sorgfältig eingemessen werden.

Schließt der Teich an in der Höhe nicht mehr veränderbare Baulichkeiten an, so ist es mit der Kontrolle der Teichränder besonders genau zu nehmen.

stellt hat, nicht erreicht wird. Je ebener ein Teich in einem Gelände liegt, desto geringer ist die Gefahr, daß das Teichniveau nicht stimmt. Selbstverständlich werden diese Messungen vor Beginn der Abdichtungsarbeiten durchgeführt. Kontrollmessungen im Fortgang der Arbeiten sind ratsam.

Zur Regulierung des Teichrandniveaus gibt es drei Möglichkeiten. Die einfachste Möglichkeit ist der Einsatz eines **Nivelliergeräts**. Mit dessen Hilfe lassen sich die einzelnen Differenzen des Niveaus sehr schnell einlesen und mit Hilfe von kleinen Pfählen und entsprechenden Markierungen dann schnell korrigieren. Die so markierten Unterschiede werden dann durch Abgraben oder Auffüllen verändert. Muß ein Wall mehr als 50 cm hoch aufgeschüttet werden, dann ist es zweckmäßig, das ganze noch mit Steinen zu unterfüttern, da ansonsten die Gefahr gegeben ist, daß er sich setzt und das Niveau verändert.

Die zweite Möglichkeit, mit **Richtlatte und Wasserwaage** zu arbeiten, ist vor allem bei kleineren Teichen anzuwenden. Hierzu wird senkrecht in die Mitte des Teiches ein Pfahl eingeschlagen. Über diesem Pfahl legt man eine Richtlatte, auf der eine Wasserwaage aufliegt. Mit der Richtlatte fährt man nun den gesamten Teich ab und zeichnet Differenzen am Teichrand ein. Am besten geht man dabei

Eine Schlauchwaage ist mit einfachen Mitteln selbst herzustellen.

so vor, daß Dachlattenstücke rund um den Teich eingeschlagen werden. Mit einem Filzstifte wird dann der Höhenunterschied auf der Latte eingetragen. Durch diese Markierungen kann später abgelesen werden, wo der Rand aufgeschüttet und wo er etwas niedriger angesetzt werden muß.

Die Verwendung einer **Schlauchwaage** ist die dritte Möglichkeit.

Hinter dem so hochtrabenden Namen verbirgt sich ein durchsichtiger, möglichst nicht milchiger Klarsichtschlauch, dessen Enden jeweils mit einem Kork oder besser Gummistopfen verschlossen wird. Diesen Schlauch erhält man im Gartenfachhandel. Wichtig ist ein Schlauch von sehr hoher Elastizität mit einem Innendurchmesser von 6 bis 8 mm. Die Stopfen bekommt man im Haushaltswarenhandel, notfalls tun es auch zwei passende Holzstifte.

Mit Hilfe eines Trichters füllt man den Schlauch mit Wasser, was am einfachsten geht, wenn der Schlauch noch nicht am anderen Ende verschlossen ist. Hält man beide Enden in der gleichen Höhe, so kann mit einem Filzstift die Wassermarke im Schlauch angezeichnet werden, wobei wenigstens 15 cm Luft an beiden Enden des Schlauches sein sollten. Legt man nun den gefüllten Schlauch durch das ausgegrabene Teichprofil, so wird die Wassersäule sich bei Meßpunkten auf gleicher Höhe wieder an der Markierung einstellen. Ein Unterschreiten der Wassermarke am eingezeichneten Strich zeigt an, daß der Meßpunkt höher als der Referenzpunkt, ein Überschreiten, daß er entsprechend tiefer liegt. Der Teichrand muß also abgegraben werden oder aufgefüllt werden, damit der gesamte Teichrand ein einheitliches Höhenniveau hat. Am besten setzt man ringsum Markierungspfähle auf die Höhe, die man, vom Referenzpunkt ausgehend, durch den Abgleich an der Wasserstandsmarkierung einmißt.

Abdichtung des Teiches

In den seltensten Fällen kommt man bei einem künstlich angelegten Teich schon einmal ohne jegliche Abdichtung aus. Dies trifft eigentlich nur für Gegenden zu, die einen sehr schweren Tonboden oder sehr hohen Grundwasserbestand haben. Für die Erhaltung solcher Teichanlagen ist eine ständige Kontrolle nach Wühlmausgängen erforderlich, damit der Teich auch auf lange Sicht dicht bleibt. Für künstliche, im Garten angelegte Teiche ist eine Abdichtung eigentlich immer anzuraten.

Der Folienteich

Die Teichfolie ist nach wie vor das beliebteste Material, das zur Abdichtung von Gartenteichen verwendet wird. Mit all ihren Vor- und Nachteilen steht sie beim Teichbau noch immer an der ersten Stelle.

Jeder der einen Folienteich baut, sollte auf Teichvlies als Unterlage auf dem gewachsenen Boden nicht verzichten. Das Vlies schützt die Folie, insbesondere an den tiefen Stellen, an denen der Wasserdruck am stärksten auftritt, vor sich durchdrückenden Steinen und Wurzeln. Im allgemeinen wird es in 200 cm breiten Bahnen geliefert.

Das Material kann in seiner Beschaffenheit sehr unterschiedlich sein. Preiswertes Material wird aus Stoffresten produziert, die mit PVC versetzt sind. Sie sind selten stärker als 3 mm. Besonders gutes Vlies ist aus

Wann kann der Folienteich gebaut werden?

Der günstigste Zeitpunkt für den Einbau der Folie liegt zweifellos in der warmen Jahreszeit. Wobei diese für jedes Teichfolienprodukt gilt. Jede Folienart verhält sich bei niedrigen Temperaturen steif und läßt sich nur mit großen Anstrengungen im Teichprofil einbauen. Unnötiger und daher zu vermeidender Faltenwurf sind dann die Folge. Schon die ersten stärkeren Sonnenstrahlen im Frühjahr machen eine auf dem Rasen ausgebreitete Folie so weich, daß sie sich dem Teichprofil anpaßt. Es reicht nicht aus, eine Folie im beheizten Keller oder in einer Garage auszulegen. Die zusammengefaltete Folie würde sich an der Oberfläche zwar geringfügig erwärmen, der Rest des Materials sich aber als zu steif erweisen. Die beste Teichbauzeit liegt daher in der Zeit vom späten Frühjahr bis Spätsommer. Sollte sich der Herbst als noch sehr warm erweisen, so kann auch dann noch gearbeitet werden. Nachteilig ist dann jedoch, daß man den Teich dann kaum noch bepflanzen kann. Viele Wasserpflanzen beginnen bereits schon im Spätsommer einzuziehen.

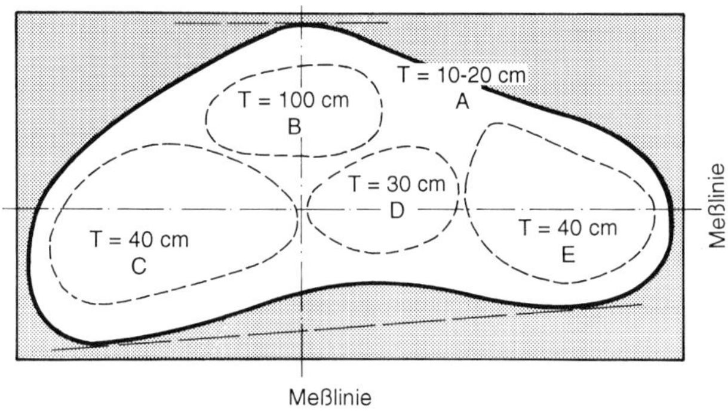
T = 10-20 cm
A
T = 100 cm
B
T = 30 cm
D
T = 40 cm
C
T = 40 cm
E
Meßlinie
Meßlinie

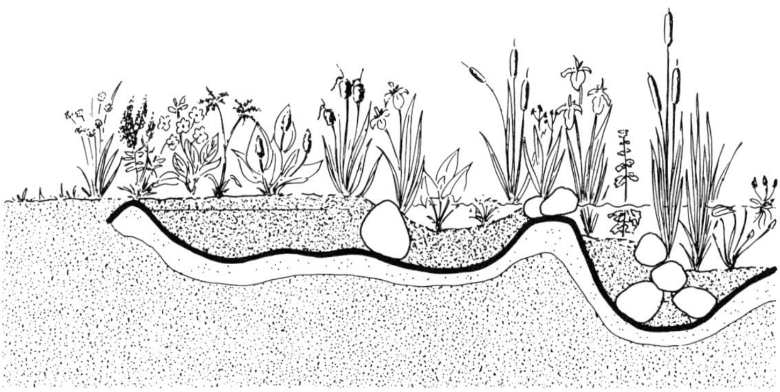

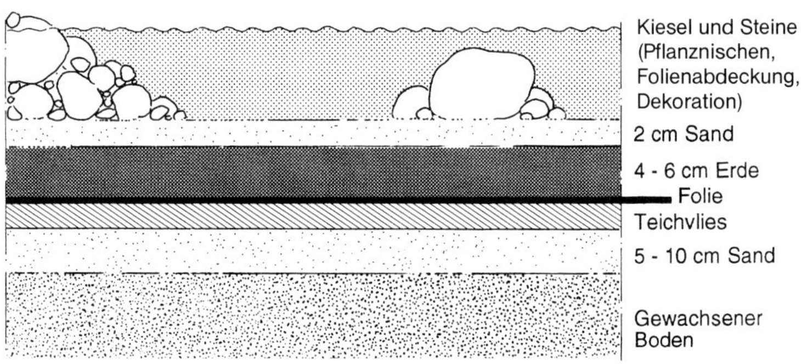
Kiesel und Steine
(Pflanznischen,
Folienabdeckung,
Dekoration)
2 cm Sand
4 - 6 cm Erde
Folie
Teichvlies
5 - 10 cm Sand
Gewachsener
Boden

Steinwolle gefertigt und weist mindestens eine Stärke von 5 mm auf.

Ermittlung der Foliengröße
Eine ganz entscheidende Frage ist die Ermittlung der benötigten Menge an Teichfolie. Mit einer Faustformel lässt sich die benötigte Foliengröße errechnen:
Länge + 2 × Tiefe + 60 cm = Folienlänge
Breite + 2 × Tiefe + 60 cm = Folienbreite
Nachfolgend wird eine genauere Methode vorgestellt. Ein nicht stimmendes Folienmaß, vor allem, wenn das Teichprofil größer als die gekaufte Folie ist, bereitet im nachhinein viel Arbeit und unnütze Kosten.

Am einfachsten ermittelt man das benötigte Folienmaß mit Hilfe eines Rollbandmaßes. Mit diesem wird einmal unter Einbeziehung der gesamten Teichform durch den längsten und durch den breitesten Teil gemessen. Das Bandmaß muß dann auf der ganzen Länge dem Bodenprofil aufliegen und darf keinesfalls gespannt werden. Verfügt man nicht über ein Bandmaß entsprechender Länge, so kann auch eine Wäscheleine durch den Teich gelegt werden, die dann mit einem Zollstock nachgemessen werden kann. Entscheidend ist, daß bei beiden Möglichkeiten die genaue Form des Teiches vollständig abgegriffen wird.

◁ *Oben: Um die Größe der Folie zu berechnen, wird an der jeweils längsten und breitesten Stelle mit einem Bandmaß oder einer Schnur gemessen. Die Höhenunterschiede müssen mitgemessen werden.*

Unten: Aufbau eines Folienteiches: Randgestaltung und Profil.

Faustzahlen für die Foliengröße

Teichgröße (m)	Folienmaß (m)
1.50 × 2.50	3.00 × 4.00
2.50 × 3.50	4.00 × 5.00
3.50 × 4.50	5.00 × 6.00
5.50 × 6.50	7.00 × 8.00
*6.50 × 8.50	8.00 × 10.00

* hierbei handelt es sich bereits um ein Sondermaß. Handelsüblich sind Folien bis zu 8 m Breite. Alles was über dieses Maß hinausgeht, muß bestellt oder in Eigenarbeit verschweißt werden.

Es wird sich nicht vermeiden lassen, immer ein wenig mehr Folie kaufen zu müssen, als man tatsächlich benötigt. Hinzu kommt ein Sicherheitsfaktor, der sich durch einen 40 cm breiten Zusatz für den Folienrand errechnet.

Rundungen, Überlappungen und Falten lassen sich theoretisch zwar berechnen, es ist in der Praxis aber nicht nötig, da man Teichfolien nur in quadratischen oder rechteckigen Maßen kaufen kann. Folienreste oder nennen wir es an dieser Stelle Übermaße, brauchen nicht abgeschnitten zu werden. Man rollt sie vorsichtig ein und baut sie im Teichrand ein. Sollte eines

Beispielmessung für die Foliengröße:

Ein Teich mißt	an der längsten Stelle	7.50 m
	an der breitesten Stelle	4.80 m
Zuschlag	für den Teichrand	0.40 m

Benötigtes Folienmaß 7.90 × 5.20 = 41.8 m²

Die wichtigsten Teichbaufolien im Überblick

PVC-Folien (Polyvinylchlorid)
die bekannteste unter den Teichfolien, aber gleichzeitig auch die aus ökologischen Gründen umstrittenste Folie. Es ist möglich, daß sie in absehbarer Zeit vom Markt genommen wird. Ihre wesentlichen Vorteile liegen in ihrem niedrigen Preis und der Möglichkeit, daß sie ohne große Vorkenntnisse verklebt oder verschweißt werden kann. Einige Hersteller geben inzwischen Garantien für die Rücknahme gebrauchter Folien.
Verbindungsmöglichkeit: Quellschweißmittel, PVC-Kleber, Heißluft, elektrisches Schweißgerät.

PE-Folien (Polyethylen)
Diese Folienarten sind als umweltfreundlich zu bezeichnen. Auch hier sind manche Hersteller bereit, die gebrauchten Folien zurückzunehmen.
Verbindungsmöglichkeit: PE-Folien können nur in einem Spezialverfahren elektronisch verschweißt werden. Kleine Nähte sind mit Klebern oder Klebbändern auch durchführbar.

EVA-Folien (Ethylvenylacetat)
Ebenfalls eine Folienart der Zukunft. Sie ähnelt in ihrer chemischen Zusammensetzung der PE-Folie. Interessant an dieser Folie ist, daß sie in Breiten bis zu 10 m ohne Schweißnaht geliefert wird. Andere Folien sind immer in Bahnen von 1.50 bis 2.00 m zusammengesetzt.
Verbindungsmöglichkeit: Anschweißen von Folienstücken ist nur mit Spezialschweißgeräten möglich und von Laien kaum durchführbar.

Synthetischer Kautschuk (Butyl-Folien, EPDM)
Dies sind die haltbarsten Folien, die aus einem synthetischen Kautschuk hergestellt werden. Man bezeichnet sie ferner auch als die umweltfreundlichsten Teichfolien. Nachteilig wirkt sich lediglich der wesentlich höhere Preis aus.
Verbindungsmöglichkeit: elektronisches Schweißgerät.

ECB-Folien
Dies sind bitumierte Gartenteichfolien. Sie sind preislich hoch angesiedelt, ihr Gewicht ist sehr hoch und durch ihre Stärke lassen sie sich schwer verlegen. Sie kommen in erster Linie auf Mülldeponien und bei Kläranlagen zu Einsatz.
Verbindungsmöglichkeit: Heißluft oder mit elektronischem Schweißgerät.

Schwimmteichfolien mit gewebeverstärkenden Polyolefinbändchen. Diese Folien eignen sich für den Bau von großen Teichanlagen und Schwimmteichen. Sie sind frei von PVC und in der Stärke von 1.2 mm lieferbar.

Tages der Wunsch zu einer Teicherweiterung entstehen, so gestalten sich die Arbeiten durch anschweißen einer neuen Folie bedeutend einfacher.

Qualität der Folie
Für den Verbraucher ist der Teichfolienmarkt vollkommen unübersichtlich geworden. Dies liegt daran, daß es viele verschiedene Hersteller gibt, die zudem auch noch völlig unterschiedliche Produkte anbieten. In dem Kasten finden Sie eine kurze Beschreibung der wichtigsten Teichfolientypen.

Aus dem PE-Material gibt es auch eine doppelte, grün-schwarze Folie, die mit einem Netzgitter versehen ist. Dieses Netz besteht aus einem Polypropylen-Drehfaden und verleiht der Folie eine besonders hohe Reißfestigkeit. Die Fäden verlaufen im Abstand von 8 mm in Längs- und Querrichtung. Nachteilig wirken sich die geringere Elastizität der Folie aus, sowie die Tatsache, daß sie nicht verschweißt werden kann. Letzteres wird allerdings durch die Tatsache kompensiert, daß jedes gewünschte Folienmaß geliefert werden kann. Die Folie hat eine Stärke von 0.8 mm. Reparaturen können mit einem von der Firma lieferbaren Butylkautschukband ausgeführt werden.

Die Folienstärke
Die Folienstärke ist von der Teichgröße vollkommen unabhängig, vielmehr ist der Untergrund maßgebend. Der ideale Untergrund ist ein reiner Ton- oder Lehmboden ohne jeden Anteil von Steinen. Am ungeeignetsten dagegen ein Gelände mit spitzen, scharfkantigen Steinen und von großen Baumwurzeln durchsetzter Boden.

PVC-Folien sind in den Stärken 0.5 mm, 0.8 mm und 1.0 mm erhältlich. Auf einem idealen Untergrund kommt man gut mit den dünnen Folien aus. Sind Steine vorhanden, muß man wenigstens die 1.0 mm starke oder gar noch stärkere Qualitäten, die natürlich auch teurer sind, wählen.

Ganz besonders hochwertige Folien aus dem PVC-Bereich werden von einigen Herstellern auch noch in den Stärken 1.2 mm, 1.5 mm und sogar in 2.0 mm angeboten. Allerdings gibt es

Garantie und Qualität von Folien

Die Garantiezeit liegt je nach Hersteller und Produkt zwischen 10 und 15 Jahren und erstreckt sich auf:

- UV-Beständigkeit
- Reißfestigkeit
- Wurzelfestigkeit
- Temperaturbeständigkeit
- werksseitige Schweißnähte
- Verrottungsbeständigkeit
- Beständigkeit gegen Chemikalien und Mikroorganismen

Ein nicht zu unterschätzendes Qualitätsmerkmal ist die Lieferbarkeit. Es gibt Hersteller bzw. Vertreiber, die in der Lage sind, innerhalb von 48 Stunden bis zum Endverbraucher zu liefern.

Entscheidend ist auch die richtige Verwendung. Ist eine Folie am Teichrand über Jahre der Sonne ausgesetzt, so ist trotz UV-Beständigkeit ihre Haltbarkeit mit Sicherheit eingeschränkt. Deswegen müssen alle Folienteile bedeckt sein.

Auf einer Rasenfläche wird die Folie erst einmal ganz ausgebreitet.

in der Regel keinen Vorteil bei der Verwendung dieser Folienstärken. Im Gegenteil, die Folienstücke werden viel zu schwer und steif.

PE-Folien gibt es in den Stärken 0.5 mm, 0.8 mm und 1.0 mm. Dies trifft gleichermaßen für EVA-Folien zu.

Kautschuk-Folien weisen in der Regel eine Stärke von 0.8 mm auf. Stärkeres Material wäre vom Preis her nicht vertretbar und ist wegen der hohen Belastbarkeit dieser Folienart auch gar nicht von Nöten.

ECB-Folien, also bituminierte Folien, gibt es in Stärken von 1.0 bis 2.0 mm.

Rollenbreite

Die Rollenbreite der Teichfolien ist bei fast allen Herstellern gleich. In Längen von bis zu 25 Metern gibt es die Teichfolie gefaltet in den Breiten von 1.0 m, 2.0 m, 4.0 m, 6.0 m und 8.0 m. Über 2 m breite Bahnen bestehen in der Regel aus zusammengesetzten 2.0 m Bahnen. Nur sehr wenige Hersteller gehen unter das Maß von 2.0 m. Sogenannte Billigfolien, die man auch auf dem Markt vorfindet, sind geschweißte Folien in den Bahnbreiten 1.0 oder 1.50 m. Markenfolien haben oftmals auf der Folie ein aufgeklebtes Maßband, was dem Käufer eine Kontrolle über die gekaufte Länge ermöglicht. Seit geraumer Zeit werden auf der Folie selbst die Firmenzeichen des Herstellers eingeprägt. Ebenso nützlich hat sich das Einprägen von Herstellerdaten in der Schweißnaht erwiesen, was bei vielen Herstellern inzwischen schon selbstverständlich ist, nicht zuletzt natürlich auch aus Gründen der Garantieabwicklung.

Farbe der Folie
Die Farbe der Teichfolie spielt eine absolut untergeordnete Rolle. Es gibt schwarze, grüne und braune Foliensorten. Zum Teil dienen die Farben bei einzelnen Herstellern zur Kennzeichnung der Qualitäten, doch trifft dies nicht immer zu. Eine schwarze Folie muß nicht von vornherein eine schlechtere Qualität haben. Dunkle Folien verbessern die Wasserspiegelung und suggerieren uns »unergründliche« Tiefen.

Struktur der Folie
Alle Teichfolien haben eine glatte und eine rauhe Seite. Beim Verlegen der Folie sollte die glatte Seite nach unten gelegt werden und die rauhe Seite nach oben liegen. Die Oberflächenstruktur der Folien ist sehr unterschiedlich und kann sehr grob oder fein strukturiert sein. Eine Ausnahme bilden die sogenannten Trapezfolien oder Strukturfolien. Es sind Teichfolien die eine trapez- oder pyramidenartige Struktur auf der Oberfläche aufweisen. Sie werden in der Regel aus PVC-Material gefertigt. Ein Verschweißen mit dem Quellschweißmittel ist nicht möglich, da seine Lösungskraft nicht ausreicht die Struktur soweit aufzulösen, daß eine feste Verbindung hergestellt werden kann. Schweißen ist also nur möglich mit Heißluftfönen oder einem elektronischen Folienschweißgerät.

Trapezfolien haben eine besondere Folienstärke, die zwischen 1.2 mm und 1.5 mm liegen kann. Gemessen wird hierbei allerdings die Pyramide, die eigentliche Folienstärke beträgt zumeist nur 1.0 mm.

Entsorgung von Altfolie

Einige Firmen, die sich mit der Produktion von Folien befassen, bieten seit geraumer Zeit die kostenlose Rücknahme von Altfolie aus ihrer Produktion an. Dieser Service ist, im Zuge von bewußterem Umweltdenken der Verbraucher, keineswegs zu unterschätzen. Die Firmen, die sich zu diesem Service bereit erklären, mahlen die gereinigten Folien, die dann zur Extrusion aufgearbeitet werden. Aus diesem so entstandenen Material werden dann andere, minderwertigere Folien oder Kunststoffprodukte gefertigt.

Besonderheiten bei PVC-Folie
Ob eine Folie regeneratfrei ist oder nicht, ist ein sehr wichtiges Qualitätsmerkmal. Was bedeutet nun eigentlich das Wort Regenerat? Beinhaltet eine Folie Regenerat, so ist sie aus wiederverarbeitenden PVC-Resten hergestellt. Dies können im einzelnen Folienreste und weitere, wiederverwendete PVC-Artikel sein.

Regeneratfreie Folie wird aus einheitlichem PVC-Granulat hergestellt und ist somit als einwandfrei zu bezeichnen. Diese Art von Folien zeichnen sich durch höhere UV-Beständigkeit und Frostsicherheit aus. Der Hersteller belohnt den Kauf zudem durch eine wesentlich höhere Garantiezeit.

Regenerat-Folie birgt neben den bereits oben erwähnten Nachteilen noch eine ganz wesentliche Gefahr in sich. Diese Art von Folien können,

Drei Arten von Nahtverbindungen für PVC-Folien:

- Heißluft mit einem Industrie-Heißluftfön,
  Geräte dieser Art gibt es in jedem Baumarkt zum Preis von etwa 80,–
- Verschweißen mit Quellschweißmittel
  Quellschweißmittel (Tetrahydrofuran)
- Verkleben von Folien mit PVC-Kleber

wenn sie nicht von Wasser bedeckt der Sonne ausgesetzt sind, ausgasen und eine fatale Wirkung auf Pflanzen und Tiere im Teich haben. PVC ist ohne »Weichmacher« ein sehr steifes Material. Damit es geschmeidig wird und leicht zu verarbeiten ist, sind Weichmacher in der Folie. Diese können Probleme bereiten, weil sie chemisch nicht stabil gebunden sind und »auswandern« können. Hierdurch wird die Folie mit der Zeit porös und im Laufe der Zeit so brüchig, daß sie wertlos ist.

Natürlich muß eine Folie UV-stabilisiert sein. Leider läßt sich dies nur mit Cadmium, einem recht umstrittenem Schwermetall, erreichen. Es gibt Hersteller, die die UV-Stabilität mit Hilfe von Zink erreichen. Wer im einzelnen noch mit Cadmium arbeitet, liegt nicht offen und müßte im Zweifelsfall mit dem jeweiligen Folienhersteller abgeklärt werden.

Das Verbinden von Folien

Bei größeren Teichanlagen reichen die auf dem Markt angebotenen Normmaße oftmals nicht aus. Der einfachste Weg, das gewünschte Folienmaß zu erhalten, ist die Bestellung im Fachhandel. Jede renommierte Firma, die Teichfolien herstellt, ist jederzeit bereit, gegen einen Aufpreis und gelegentlich auch eine geringe Wartezeit, jedes beliebige Folienmaß herzustellen.

Dies ist ein sehr sicherer Weg, denn auch die zusätzlichen, maschinellen Schweißnähte unterliegen der Garantie. Bei EVA, PE, Kautschuk und Folien mit Gewebeeinlagen ist es ohnehin für den Privatmann so gut wie unmöglich, das Folienmaß zu vergrößern, da es bei diesen Folientypen nur mit einem unverhältnismäßig großen Aufwand möglich ist. In den Fabrikationsstätten werden solche Folienbahnen elektronisch gesteuert, auf riesigen Maschinen mit Heißluft und Chemikalien geschweißt.

Bei PVC-Folien ist ein Verbinden von Folienteilen schon eher möglich. Es ist dennoch sehr wichtig, sich mit der Materie genauestens auseinanderzusetzen. Bevor überhaupt daran gedacht wird ein Stück Folie miteinander

Materialliste für das Folienschweißen

1. ein langes, etwa 25 cm breites, glattes Brett
2. ein Heißluftfön
3. Quellschweißmittel oder Kleber
4. eine kleine Schale, nicht aus PVC
5. ein Flachpinsel
6. ein Rollbandmaß und ein Meterstab
7. eine Schere und ein Teppichbodenmesser
8. ein Tapetenroller aus Metall, geriffelt

zu verbinden, ist es zweckmäßig, von der Folie ein Stückchen abzuschneiden und diese zum Händler zu bringen, bei dem die neue Folie gekauft wird. Jeder gute Fachhändler ist bereit das Folienstück zu untersuchen und anhand der Probe dann festzustellen, welche Schweißmethode sich anbietet.

Kleben von Folie

Das Aneinanderkleben von Folien ist die einfachste und schnellste Methode, allerdings dürfen hierbei auch nur kleine Stücke zusammengesetzt werden.

Hierzu werden die zu verklebenden Bahnen auf einem glatten Brett etwa 5 cm weit übereinander gelegt und von einer Person zusammen gehalten. Eine weitere Person streicht nun mit einem Flachpinsel den glasigen, zähflüssigen PVC-Kleber zwischen die beiden Folien und drückt diese an. Die so verklebte Naht wird mit einem weiteren Brett abgedeckt, so daß die Folienbahn zwischen zwei Brettern liegt. Diese sollte dann noch mit einem schweren Gegenstand, einem Betonstein oder ähnlichem, beschwert werden. Die Klebenaht ist nach 12 Stunden belastbar.

Quellschweißmittel

Müssen längere Folienbahnen zusammengesetzt werden, so ist es besser, Quellschweißmittel zu verwenden.

Bei diesem Vorgang muß die Folie in ihrer ganzen Länge ausgelegt und direkt an der Schweißnaht mit einem glatten Brett unterlegt werden. Die zweite Bahn kommt unmittelbar an der Naht über diese Folie, wobei eine Überlappung von 5 bis 8 cm ausreicht. Zum Schweißen werden 2 Personen benötigt. Einer hält die Folie zusammen und streicht mit einem Flachpinsel das Quellschweißmittel zwischen die beiden Folien, die zweite Person drückt mit einem Tapetenroller die Folie zusammen. Es muß solange gerollt werden, bis die Folien fest mit-

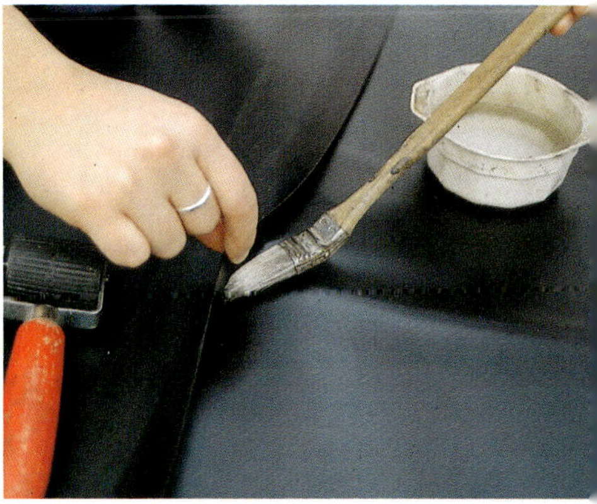

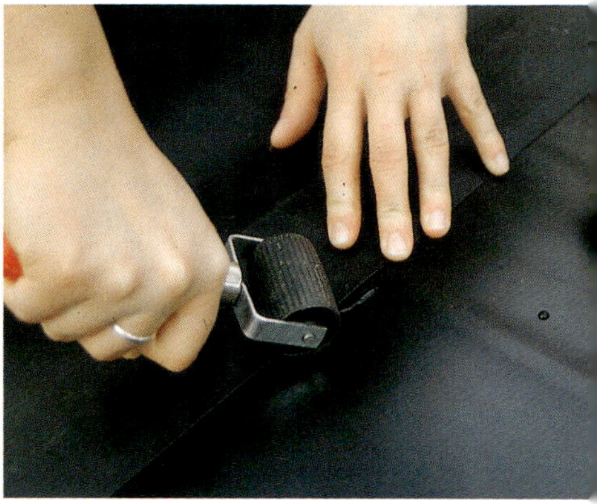

Oben: Mit einem Pinsel wird das Quellschweißmittel zwischen die überlappenden Bahnen aufgetragen.

Unten: Der Teppichroller sorgt für einen flächigen und lückenlosen Kontakt.

Umgang mit dem Quellschweißmittel Tetrahydrofuran

1. bei der Arbeit darf nicht geraucht werden und jeglicher Umgang mit offenem Feuer hat zu unterbleiben. Quellschweißmittel entzünden sich sehr rasch.
2. Die Dämpfe von Tetrahydrofuran dürfen nicht eingeatmet werden, sie sind äußerst gesundheitsschädlich.
3. Die Chemikalie wirkt auf die Haut reizend. Kommt man mit dem Mittel in Berührung, sollte es sofort mit Wasser abgespült werden. Gelangt das Mittel versehentlich ins Auge, ist sofort ein Augenarzt aufzusuchen.
4. Beim Arbeiten mit Quellschweißmittel immer nur ganz geringe Mengen in einem Behälter einfüllen. Bitte darauf achten, daß dieser Behälter nicht aus Weich-PVC ist, er würde sich sofort auflösen.
5. Es erklärt sich von selbst, das Mittel von Kindern fernzuhalten.

einander verbunden sind. Das Quellschweißmittel mit dem Wirkstoff Tetrahydrofuran ist äußerst aggressiv und löst die Oberfläche der Folien auf. Da der Wirkstoff sehr flüchtig ist, ist die Flüssigkeit sehr schnell verdampft und die Folien sind dann miteinander verbunden.

Leider klingt dieser Arbeitsvorgang in der Theorie bedeutend einfacher als er in der Praxis ist. Ein wesentlicher Faktor ist die Temperatur. Je wärmer es ist, desto leichter lassen sich Folienbahnen miteinander verbinden. Schwierigkeiten treten bei Falten und an vorhandenen Nähten auf. Kalte und vor allem auch feuchte Folie kann mit Quellschweißmittel nur sehr schlecht verbunden werden. Gelingt der Schweißvorgang nicht sofort beim ersten Mal, muß der Arbeitsgang abgebrochen werden. Die Struktur der Folie ändert sich durch das aggressive Quellschweißmittel so, daß ein erneuter Einsatz erst nach mehreren Stunden möglich ist.

Da man wegen einer mißglückten Schweißnaht ungerne wartet, kann man die Folie durch gezielt eingesetzte Heißluft wieder in einen Zustand versetzen, daß sie erneut mit Tetrahydrofuran behandelt werden kann. Hierzu reicht bereits ein normaler Fön.

Wenn die Schweißstelle an einer bereits vorhandenen Naht nicht hun-

Überprüfung der selbstgefertigten Schweißnähte

Nichts ist ärgerlicher, als wenn man feststellen muß, daß der Teich nach vollendeter Arbeit undicht ist. Daher ist es sehr wichtig, die Schweißnähte auf ihre Dichtigkeit zu überprüfen. Hierzu bedient man sich eines sehr einfachen Tricks. Man fährt mit den Fingernägeln an der gesamten Länge der Schweißnaht entlang und spürt so sofort jede Unregelmäßigkeit auf. Diese Stellen müssen dann nachbehandelt werden. Wenn immer möglich, sollte die Folie gewendet werden. Etwaige Schwachstellen können dann noch behoben werden. Wer ganz sicher gehen möchte, kann die Nähte auch noch mit Flüssigfolie versiegeln, die im Fachhandel erhältlich ist.

dertprozentig dicht geworden ist, so sollte sie mit einem weiteren Folienstück einfach nochmals überklebt werden.

Einige Hinweise zu speziellen Problemen

Größere Falten bilden sich gerne bei zu kalter Folie, oder aber wenn die Bahnen schlampig ausgelegt sind. Außerdem können sich Falten bilden, wenn zwei verschiedene Folienstärken miteinander verbunden werden sollen. Ist man im Folienschweißen einigermaßen firm, so kann man solche Falten spitzwinkelig aufschneiden und verklebt sie mit einem großzügig bemessenen Folienstück ähnlich wie beim Fahrradflicken. Gar zu freizügig sollte man mit dieser Möglichkeit nicht umgehen. Denn jede Verbindung ist eine potentielle Schwachstelle.

Ist die Folienbahn auf der einen Seite verschweißt, sollte die ganze Bahn einmal gewendet und von der Rückseite ebenfalls verschweißt werden. Dieser Arbeitsvorgang ist sehr wichtig, denn er gewährleistet, daß die neue Folienbahn auch wirklich dicht ist.

Selbst unter optimalen Bedingungen, d. h. die Folie ist sauber ausgelegt, mit einem glatten Brett unterlegt und es ist warm, sollten die einzelnen Schweißvorgänge nie länger als etwa 30 cm sein. Wird zu großzügig mit der Länge umgegangen, läuft man Gefahr, daß am Ende einige Stellen nicht sauber miteinander verbunden sind.

Oftmals kommt auch der Wunsch auf, einen bereits vorhandenen Teich zu vergrößern. Hierzu muß der Teich vollkommen abgelassen werden. Die Folie muß an der Stelle, an der die Vergrößerung vorgenommen erden soll, vorsichtig ausgegraben werden und sorgfältig gereinigt werden. Sobald diese Stellen dann sauber sind, kann eine neue Folie angeschweißt werden, wie vorausgehend schon beschrieben. Da ein Wenden der Folie im vorhandenen Teich nicht möglich ist, muß um so exakter gearbeitet werden. Außerdem ist eine Folienüberlappung von 10 cm anzuraten.

Heißluftschweißen

Die technisch schwierigste Methode ist das Verbinden von PVC-Folien mittels Heißluft. Die Arbeitsvorbereitungen bleiben dieselben, nur wird statt dem Quellschweißmittel, Heißluft verwendet. Die preiswerten Geräte entwickeln enorm hohe Temperaturen und sind fast immer auch regelbar. Bevor man solch ein Gerät verwendet, sollte man mit einigen Folienresten üben. Bei guten Geräten werden verschiedene Vorsatzdüsen mitgeliefert. Zum Folienschweißen eignet sich am besten eine etwa 2 bis 3 cm breite Flachstrahldüse.

Für den eigentlichen Arbeitsvorgang sind wiederum zwei Personen unerläßlich. Einer klappt die zu verschweißenden Bahnen vorsichtig auf und der zweite bläst mit dem Fön die heiße Luft zwischen die Bahnen.

Die so aufgeweichten Folien müssen dann sofort mit einem Metalltapetenroller zusammengedrückt werden, dies unter Umständen unter weiterer Zugabe von Heißluft. Ist die Schweißnaht gut gelungen, so entsteht durch den Druck des Rollers an der Überlappungsstelle eine kleine, fortlaufende Wulst. Auf gar keinen Fall darf die Folie mit den Händen gehalten werden, da sie sehr heiß wird. Zum

Der Umgang mit dem Heißluftföhn bedarf einiger Übung.

Aufklappen verwendet man ein flaches Stück Holz und dort, wo nicht geschweißt wird, hält man die Folie mit einer Hand zusammen.

Es gehört eine große Portion Erfahrung dazu, den richtigen Zeitpunkt zu erfassen, an dem die Folie so weit ist, daß sie miteinander verbunden werden kann. Läßt man die Heißluft nur eine Sekunde zu lang einwirken, wirft die Folie Blasen und es entstehen Löcher und Risse. Diese Stücke können dann kaum noch miteinander verbunden werden. Diese Art der Folienverbindung ist aus diesem Grund dem nicht kundigen Teichbauer eigentlich abzuraten. Heißluft bewährt sich immer dann, wenn es um die Verbindung von besonders komplizierten Teilen geht. Unter Umständen auch unter Zusatz von Quellschweißmittel. Anzuraten ist Heißluft-Verbindung immer dann, wenn in einem vorhandenen Teich eine Vergrößerung geplant ist, oder aber, wenn besondere Teile, z. B. eine gesonderte Tiefzone in einem Teich eingeschweißt werden soll.

Die Verwendung von Heißluft bei PE- und EVA-Folien ist im Privatbereich nicht anzuraten. Prinzipiell können diese Folien mit Heißluft verbunden werden, doch geht dies nur, wenn die Bahnen eingespannt auf einer großen Fläche liegen. Sind diese Bahnen nicht eingespannt und werden mit Heißluft bearbeitet, verändern sie ihre Form und werden wertlos.

Verlegen der Folie

Bei vorgefertigten Sondermaßen für sehr große Teiche empfiehlt es sich die zusammengelegte Bahn mitten in den Teich zu legen. Jeder gute Folienhersteller wird dem Foliensondermaß eine Planskizze beilegen, auf der dann zu ersehen ist, wie die Folie aufzufalten ist. Je größer die Folie, umso mehr Personen werden zum Auslegen benötigt.

Hat der Teich eine ganz normale Größe, die innerhalb der lieferbaren Folienmaße liegt, so wird die Folie zunächst auf einer freien Fläche in unmittelbarer Teichnähe ausgelegt. Für etwa 20 Minuten läßt man die Folie in der Sonne liegen und zieht sie dann mit mehreren Personen über den Teich hinweg. Durch die Sonneneinstrah-

Risse in der Folie müssen wieder abgedichtet werden.

Aus einem Folienrest schneidet man ein Reparaturstück.

Das Quellschweißmittel wird über die ganze Fläche aufgetragen.

Beim Festrollen muß ringsum eine saubere Naht entstehen.

lung ist die Folie so weich geworden, daß sie sich fast automatisch dem Teichprofil angleicht und kaum Falten wirft. Ganz ohne Faltenbildung wird es dennoch nicht gehen, doch können diese, wie später noch beschrieben wird, sehr gut kaschiert werden. Das Auslegen der Folie darf natürlich nur auf glatten Flächen geschehen, spitze Steine oder Wurzeln könnten die Folie sonst verletzen.

Am besten eignet sich eine Rasenfläche. Allerdings dürfen hier 20 Minuten keinesfalls überschritten werden, da sonst der Rasen unter der schwarzen Folie sehr schnell kochend heiß wird. Für eine 6 × 8 Meter große Folie werden zum Ziehen 4 bis 6 Personen benötigt. Der Leichteste von allen geht dann ohne Schuhe in den Teich hinein, drückt die Folie an den Stellen an, wo sie noch nicht sauber anliegt und glättet Falten. Wichtig ist dabei, daß das Sandbett unter der Folie nicht zerstört wird.

Was muß beim Verlegen von Teichfolie beachtet werden

Teichprofil muß restlos fertiggestellt sein
Auslegen der Folienbahn in unmittelbarer Nähe des Teiches
Unbedingt warmes, trockenes Wetter abwarten
Ausgerollte Folie bei sehr heißem Wetter nicht länger als 15 Minuten auf den Rasen legen
Je größer die Folienbahn, desto mehr Personen werden zum Ziehen benötigt
Teichprofil nicht mehr betreten, die Folie wird über den Teich gezogen und sinkt in den Teich
Falten glätten
Überlauf einbauen

Was macht man gegen Falten?

Auch im Teichbau ist dies eine berechtigte Frage und trotzdem wird es nie ohne gehen. Man kann es sich jedoch durch verschiedene Maßnahmen leichter machen.

- keine senkrechten Wände sondern sanftes Gefälle
- keine engen Kurven
- keine krassen Übergänge zwischen den Wassertiefen
- symmetrische Formen und lange gerade Kanten vermeiden
- je größer der Teich um so geringer die Faltenbildung
- Folie nicht bei kalten Temperaturen verlegen. Sie wird weich und geschmeidig, wenn es warm ist.
- nicht zu dicke Folie wählen
- Falten in PVC-Folie, die nach dem Ausrichten bleiben, können mit Quellschweißmittel oder Kleber mit der Folie verklebt werden. Bei großen Falten kann noch ein Folienstreifen über die eingeklappte Folie geschweißt werden.
- kleine Falten mit Kieselsteinen unterschiedlicher Größe kaschieren

Arbeitsablauf für den Bau eines Folienteiches

Auswahl des Platzes für den Teich
Festlegen der Form
Abtragen und Lagern der Mutterbodenschicht
Einteilung der Wasserzonen
Nivellierung und Ausgleichen des Teichrandes
Glätten der einzelnen Wasserzonen
Einbau einer Sandschicht
Einbau von Schutzvlies
Einbau der Folie
Tiefzone mit Wasser füllen
Eingraben des Folienrandes
Einbringen der Wasserpflanzenerde
Wasser aus der Tiefzone entfernen
Bepflanzung mit Wasser- und Sumpfpflanzen
Aufbringen einer Sandschicht zwischen den Pflanzen
Dekoration mit Kieseln
Einbau technischer Einrichtungen
Wasserfüllung

Die erste Wasserfüllung

Manch einer wird sich über diese Maßnahme ärgern und es als pure Verschwendung bezeichnen, wenn er seinen Teich mit Wasser füllen soll, obwohl die Arbeiten noch lange nicht abgeschlossen sind.

Trotzdem halte ich es für unabdingbar, denn nur so ist gewährleistet, daß die Folie sich hundertprozentig an das Teichprofil anschmiegt. Die Folie gibt ein wenig nach und erst jetzt bleibt am Rand die Folienmenge über, die eingegraben wird und maßgebend für die Randgestaltung ist. Die Wasserfüllung muß zu diesem Zweck nicht bis ganz oben reichen, aber die Tiefzonen sollten schon gefüllt sein. Außerdem ist das Wasser natürlich nicht verloren, denn mit einer Gartenpumpe kann es abgepumpt und zur Bewässerung des Gartens verwendet werden.

Bei der ersten Wasserfüllung schmiegt sich die Folie an das Teichprofil an.

Wieviel Wasser ist im Teich?
Bei Fertigbecken gibt es vom Hersteller immer eine genaue Angabe darüber, wieviel Wasser das Becken beeinhaltet. Diese an sich unbedeutende Frage wird sehr schnell wichtig, wenn der Teichbesitzer Teichpflegemittel oder aber Präparate zur Algenbekämpfung einsetzen will. Spätestens dann muß er genau wissen, wieviel Wasser in seinem Teich ist. Überdosierungen dieser Präparate führen zu sehr unliebsamen Überraschungen bei Tieren und Pflanzen.

Die Ermittlung der Wassermenge, die ja nur einmal erfolgen muß, ist auf zweierlei Arten möglich. Einmal füllt man ein möglichst großes Gefäß, dessen Volumen bekannt ist und hält die Zeit fest, die zum Füllen benötigt wurde. Multipliziert man diese Zahl dann mit der tatsächlichen Einlaufzeit des Wassers in den Teich, erhält man den Teichinhalt in Litern. Einfacher geht das Ganze, wenn man vor und nach dem Befüllen des Teiches die Wasseruhr abliest.

Der Überlauf
Einer der vielen Gründe, warum ein Teichbesitzer mit seinem Biotop nicht zufrieden ist, ist die Tatsache, daß ein Überlauf fehlt. Dieses relativ einfach einzubauende Teil ist ebenso wichtig wie ein Zulauf, denn starke Regenfälle können den Wasserspiegel innerhalb kurzer Zeit stark ansteigen lassen. Nur durch eine Regulierung von Zu- und Ablauf bleibt ein Gleichgewicht erhalten. Fehlt der Überlauf, dann sucht sich das Wasser den einfachsten Weg und läuft über den Folienrand ab. Hierbei wird dann die Folie unterspült, was sofort Schäden am Randprofil verursacht. Durch einen eingebauten Überlauf ist dieses Unterspülen nicht möglich. Viel entscheidender ist aber, daß der Teichbesitzer den Wasserstand durch den Überlauf regulieren kann und somit bei großer Hitze durch Zulauf über einen Schlauch die Wasserqualität sehr rasch verbessern kann. Der eingebaute Überlauf kann an einer passenden Stelle im Garten enden, oder aber als direkter An-

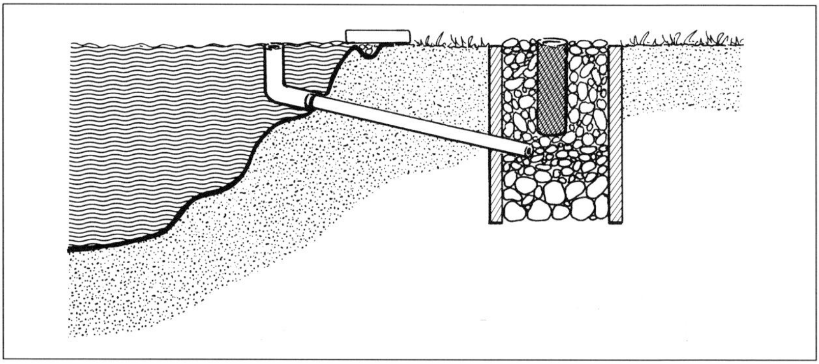

Ein Überlauf verhindert regelmäßige Überschwemmungen. Durch das Winkelstück kann der Wasserstand geregelt werden. Hier wird das überschüssige Wasser in eine mit Kies gefüllte Grube geleitet und versickert.

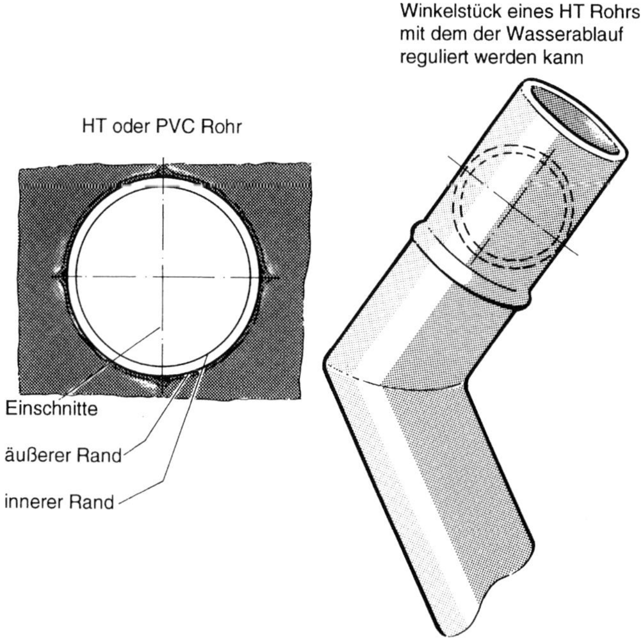

Bei der Durchführung des Überlaufrohres durch die Folie muß sehr sorgfältig gearbeitet werden.

schluß an die Hauskanalisation. Sikkergruben mit einer Kiesschüttung als Auffang für das Wasser aus dem Überlauf haben sich bewährt.

Für den Überlauf wird folgendes Material benötigt.

PVC-Abwasserrohr mit Muffe (HT-Rohr)
PVC-Rohr (Winkelstück 45°)
Teppichbodenmesser
PVC-Folienkleber

Über die Einbauhöhe des Überlaufs sollte man sich von vornherein genau im klaren sein. Zum Einbau wird das Rohr mit der Muffe hinter die Folie gehalten und fest angedrückt. Der mitgelieferte Gummiring wird entfernt. Durch den Druck auf die Folie zeichnen sich zwei Ringe ab, der innere und der äußere Durchmesser des Rohrs. Mit dem Tapetenmesser wird nun der innere Durchmesser der sich auf der Folie abzeichnet, kreuzförmig eingeschnitten. Die vier sich bildenden Folienlappen werden nach innen geklappt und der Winkel wird in das Rohr gepreßt. Dies geht nicht sehr einfach, aber die Folienlappen über-

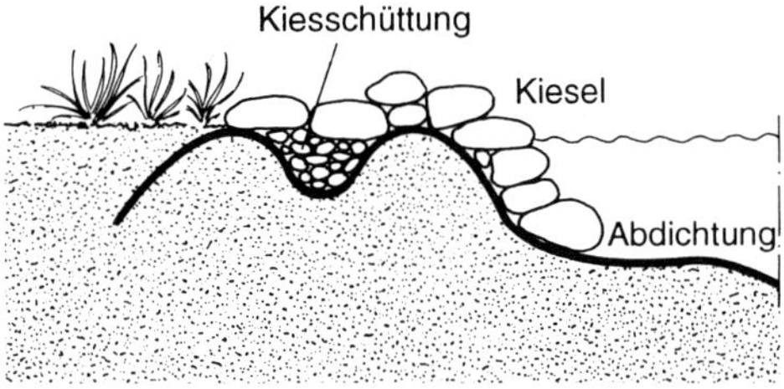
Kiesschüttung
Kiesel
Abdichtung

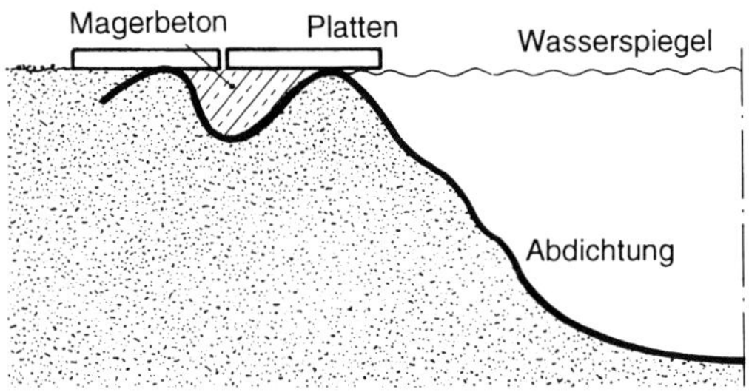
Magerbeton
Platten
Wasserspiegel
Abdichtung

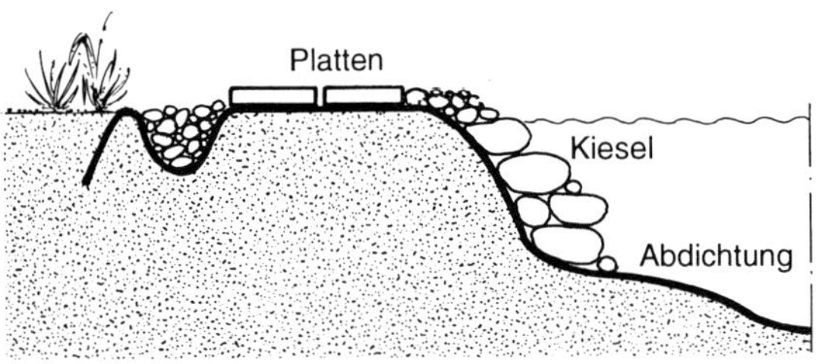
Platten
Kiesel
Abdichtung

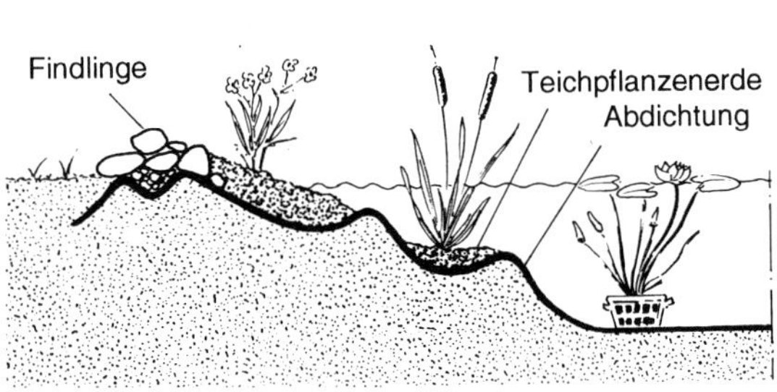
Findlinge
Teichpflanzenerde
Abdichtung

nehmen die Aufgabe des Gummiringes und dichten Folie und Rohr zugleich hermetisch ab. Aus reinen Sicherheitsgründen sollte der Rand zwischen Rohr und Folie noch mit PVC-Folienkleber eingestrichen werden.

Der Durchmesser des Rohres ist abhängig von der Größe des Teiches. Im allgemeinen reicht ein Rohr mit einem Durchmesser von 8 bis 15 cm. Damit Schmutz und vor allem aber auch Kleinlebewesen nicht durch das Rohr fallen, sollte es mit einem Sieb abgedeckt werden.

Es gibt Firmen, die in Verbindung mit ihrer Teichfolie auch einen Ablauf liefern. Dieser besteht aus einem quadratischen Folienstück, an dem ein Folienschlauch angeschweißt ist. Um eine Verbindung zwischen Folie und Ablauf herzustellen, wird dieses Stück auf die Folie geschweißt und der Schlauch dann mit einem PVC-Rohr verbunden. Auch hierfür sollte im Teich selbst ein Winkelstück eingesetzt werden, wodurch der Wasserstand besser reguliert werden kann.

Die aus PVC-Material gefertigten HT-Rohre können bei richtiger Arbeitsweise auch mit der Folie direkt verbunden werden. Mit Quellschweißmittel ist dies nicht möglich wohl aber mit PVC-Kleber. Zu diesem Zweck wird das Rohr an der zu verklebenden Stelle ganz leicht mit einer Feile aufgerauht und vor dem Verkleben mit einem Fön erwärmt. Die 4 Folienlappen, die sich durch den Kreuzschnitt bilden, werden dann auf das PVC-Rohr geklebt. Die Rückseite sollte dann mit einem zusätzlichen Klebestreifen rund um das Rohr gesichert werden. Sollte der Arbeitsvorgang mißlingen, weil die Folie seitlich zu weit eingerissen ist, so ist es am einfachsten, alles an anderer Stelle zu wiederholen und das zu große Loch einfach zu überkleben. Man beachte dabei, welche Folien sich kleben lassen. Die Folienstärke eines Teiches spielt dabei keine Rolle; lediglich je dünner sie ist, desto größer ist die Gefahr, daß sie einreißt.

Gewebeverstärkte Folien können mit dieser Methode nicht mit einem Überlauf versehen werden. Hier besorgt man sich vom jeweiligen Folien-Hersteller eine aufklebbare Manschette in die das Überlaufrohr eingepaßt wird. Die Manschette selbst wird auf die Folie aufgeklebt.

◁ *Wasserverluste werden durch eine Kapillarsperre verhindert. Verschiedene Möglichkeiten sind hier aufgezeigt.*

Randausbildung und Kapillarsperre

Diese so simpel klingende Überschrift hat wesentlich mehr Bedeutung als man zunächst vermuten mag, denn hier entstehen elementare Fehler.

Unter gar keinen Umständen darf die Folie am Rand im Erdboden vergraben, oder einfach unter der Grasnarbe versteckt werden. Ein funktionierender Teich muß am Rand mit einer Kapillarsperre enden.

Bei einer falsch eingegrabenen Teichfolie wird durch die Kapillarität des Bodens, unter Umständen auch noch mit Unterstützung von Graswurzeln, das Teichwasser regelrecht abgesaugt. Das Resultat ist ein Teich, der ständig Wasser verliert und somit seinem Besitzer wenig Freude bereitet.

Zur Unterbindung der Kapillarität gibt es viele gute Ideen, die hier im einzelnen aufgezeigt und anhand von

Skizzen näher erklärt werden sollen. Ziel ist es in jedem Fall den Kontakt des umliegenden Bodens mit Bodenschichten des Teiches und der Sumpfzonen zu unterbrechen.

Die Kapillarsperre – Möglichkeiten ihrer Ausführung

Die beste Kapillarsperre erfolgt mit einer Kieselschüttung, die in einem dachrinnenähnlichen Foliengraben unmittelbar am Teichrand beginnt und eine Breite von 15 cm und Tiefe von 10 bis 15 cm hat. Die Kiesel können dann nach Bedarf mit Natur- oder Kunststeinplatten abgedeckt werden.

Die gleiche Rinne kann auch mit Magerbeton aufgefüllt werden. Hierdurch können größere Platten assymetrisch verlegt werden, so daß sie gelegentlich auch einmal in den Teich hineinragen, was ein sehr schönes Bild ergibt.

Bei geraden Flächen eignen sich Kanthölzer sehr gut als Kapillarsperre. Wird nur ein Kantholz verwendet, dann muß die Folie mit Dachpappennägeln am Holz befestigt werde. Bei zwei übereinanderliegenden Hölzern wird die Folie S-förmig um die Hölzer gelegt und auf der Rückseite mit Dachpappennägeln befestigt. Nachteilig ist hierbei, daß sehr viel Folie für den Randbereich benötigt wird. Die Dachpappennägel dürfen nicht unterhalb der Wassergrenze angesetzt werden, da dies sofort zu Undichtigkeiten führen würde.

Eine weitere Kapillarsperre läßt sich mit Hilfe einer dünnen, keilförmigen Magerbetonschicht erstellen, die eine Breite von etwa 30 bis 40 cm hat und an der stärksten Stelle nicht dicker als 15 cm ist. Der Magerbeton liegt dabei direkt auf der Folie und endet an der Grasnarbe. Die Betonfläche wird dann mit unterschiedlichen Kieseln belegt, solange der Zement noch weich ist. Später ergibt dies ein Muster ähnlich wie Waschbeton, nur wesentlich schöner, weil Kiesel in unterschiedlichen Größen verwendet werden. Wurzeln von Gras oder auch anderen Pflanzen haben keine Möglichkeit bis an das Wasser zu kommen. Für die Dekoration eignen sich am besten Rheinkiesel, sie sind farblich am schönsten.

Ist genügend Folie für den Rand übrig, so kann sie am Ende auch einfach über den Rand gezogen und dann senkrecht nach unten vergraben werden. Als Abdeckung eignen sich dann wieder Natur- oder Kunststeinplatten.

Eingelassene, halbierte Palisaden können ebenfalls einen schönen Teichabschluß bilden, der das Einwachsen von Wurzeln oder die Kapillarwirkung unterbindet. Diese Hölzer haben den Vorteil, daß sie der Form des Teiches angepaßt werden können. Die Befestigung erfolgt wiederum mit Dachpappennägeln. Diese Methode eignet sich ganz besonders dann, wenn die Teichnivellierung nachträglich durch eine Aufschüttung korrigiert wurde.

Wenn ein Teich an der Kante einer Terrasse endet, so kann die Folie direkt an der Terrassenwand befestigt werden. Für einen dauerhaften Halt sollte über die Folie ein dünnes Brett oder besser eine Aluminiumlatte gelegt werden und diese dann zusammen mit der Folie direkt an die Wand gedübelt werden. Um sich die Arbeit ein wenig zu erleichtern, kann die Folie vorher mit einem Bitumenkleber an der Wand befestigt werden.

So naturnah kann ein Teich schon nach kurzer Zeit aussehen. Wie er entsteht, sehen Sie auf den folgenden Bildseiten.

Skizzen und Pläne zur Größe und Form und zur Verteilung der Zonen sind vorbereitet. Die Werkzeuge stehen bereit.

Die unterschiedlichen Teichtiefen werden nacheinander ausgehoben. ▷

Die Teichform wird abgesteckt und es kann mit dem Aushub des Mutterbodens begonnen werden. ▽

◁ *Grobe Steine müssen entfernt werden.*

△

◁ *Das richtige Höhenniveau eines Teiches ist äußerst wichtig. Man erhält es mit Hilfe einer Schlauchwaage. Auch das beste Augenmaß kann die Messung nicht ersetzen.*

Bei kleinen Teichen reicht zum Nivellieren auch eine Wasserwaage. ▷

△
Bei steinigem Boden wird zuerst ein Vlies eingebaut. Die einzelnen Bahnen überlappen sich einfach. Ein Verkleben ist unnötig.

◁ *Zum Auslegen der Folie wählt man einen möglichst sonnigen Tag. Von der Mitte der Teichgrube aus wird die Folie auseinandergefaltet.*

Rechts oben: Je größer die Folie ist, um so mehr Helfer werden benötigt. Von den Außenrändern her wird die Folie in die endgültige Lage gezogen. ▷

Zum Glätten der Falten sollte man ohne Schuhe in den Teich steigen. ▷

◁ *In die spätere Tiefwasserzone kommt eine etwa 10 bis 20 cm starke Erd- oder Sandschicht.*

◁ *Links unten: Das Pflanzsubstrat wird dann mit einer dünnen Schicht Kies abgedeckt. Bei der Arbeit mit der Schubkarre darf die Folie nicht verletzt werden.*

Ohne das Pflanzsubstrat aufzuspülen wird Wasser in die Tiefzone eingelassen. ▷

Duch die Wasserfüllung schmiegt sich die Folie dem Teichprofil an. Jetzt kann das Teichsubstrat in die Flachwasserzone eingebaut werden.
▽

Jetzt werden auch die höher liegenden Zonen mit Kies abgedeckt.

Der nächste Schritt ist die Dekoration mit größeren Steinen.
▽

Weit überlappende Folie kann abgeschnitten werden. Auf jeden Fall muß ein ausreichender Rest für die Kapillarsperre bleiben.

Der Folienrand wird eingegraben. Die Folie wird über den flachen Wall geführt, durch den kleinen Graben und von da wieder senkrecht nach oben. So entsteht eine zuverlässige Kapillarsperre. Die sorgfältig abgestochenen Rasensoden können hinterher wieder eingesetzt werden.
▽

△
Durch den Einbau von Kokosfasermatten entwickeln sich Pflanzen im Flachwasserbereich sehr rasch. Sie geben Pflanzen und Erde Halt.

Unten rechts: Zum Beschweren der Matten deckt man diese mit Kies ab.

Ausgestochene Grassoden verdecken und befestigen den Folienrand.
▽

△
Der letzte Arbeitsgang ist das Bepflanzen des Teiches.

◁ *Solche Findlinge wirken am Uferbereich und im Wasser sehr reizvoll.*

Schon nach kurzer Zeit kann ein neugebauter Teich so aussehen. Das Ergebnis spricht für sich. ▷

Die Beine des Stegs stehen in kiesgefüllten Kübeln, das Stegende liegt hinter dem Ufer auf.
▽

Fertigbecken

Die einfachste und schnellste Methode Teichbesitzer zu werden, ist der Einbau eines Fertigbeckens. Die preiswerteste Lösung ist es nicht. Sie hat aber den Vorteil, daß der Wunsch eines Wassergartens in einem auch noch so kleinen Garten durchaus realisiert werden kann. Gestalterisch und was die Pflege betrifft, gibt es gelegentlich einige Bedenken. In ihrer Form unterscheiden sich die Teichbecken der verschiedenen Hersteller nur unwesentlich und man bekommt sie in vielen Größen und unterschiedlichen Tiefen. Viele Firmen bieten ein reichhaltiges und zum Teil sehr sinnvolles Zubehör an.

Ganz entscheidend, vor allem bei großen Becken, ist die Frage der Qualität der Teichbecken, die sehr unterschiedlich ist. Vor dem Kauf eines Teichbeckens ist eine sehr intensive Kundenberatung unerläßlich. Man sollte auch bedenken, daß ein Fertigbecken in einer Verkaufsausstellung in einem Regal sehr viel größer wirkt, als wenn es erst einmal im Garten an Ort und Stelle eingelassen ist.

Die Lieferung vom Händler zum Kunden ist fast immer mit zusätzlichen Kosten verbunden. nur wenige Hersteller liefern Kunden zu einem Pauschalsatz direkt an. Bei großen Becken ist die Anlieferung Verhandlungssache und abhängig von der Beckengröße und dem Weg. Da wir uns im ersten Teil mit dem Bau eines Folienteiches befassen, bietet sich ein Vergleich mit einem Fertigbecken an dieser Stelle an.

Betrachtet man sich die Tabelle genau, so gibt es eindeutige Pluspunkte für die Folie, dennoch sind die wenigen Vorteile, die wiederum für ein Teichbecken sprechen, nicht zu unterschätzen.

Dies bezieht sich in erster Linie auf die Schnelligkeit, In der solch ein Biotop eingebaut werden kann, sowie dessen Haltbarkeit.

Fertigbecken und Folienbauweise im Vergleich

	Teichbecken	Folie
Form	festgelegt	variabel
Preis	teurer	billiger
Größe	oft zu klein	variabel
Tiefe	oft zu flach	variabel
Flachzone	zu klein	variabel
Bepflanzung	nur in Körben	direkt
Einbau	sehr schnell	aufwendig
Haltbarkeit	sehr gut	gut
Erweiterung	nur bei wenigen Modellen	jederzeit
Erscheinungsbild	häufig künstlich	naturnah
Reparaturen	sehr aufwendig	einfach
Fauna	eingeschränkt möglich	naturnah
Wasserqualität	schwer zu regulieren	reguliert
Algenwuchs	meist hoch	reguliert

Ein Fertigbecken mit einer integrierten Sumpfzone.

Form und Größe

Wenn man den Markt für Teichfolien schon als unübersichtlich bezeichnet, so herrscht auf dem Markt für Teichbecken nahezu ein Chaos. Form und Größe stellen die wichtigsten Kriterien dar. Neben der maximalen Länge und Breite ist die Wassertiefe von Bedeutung. Symmetrische Formen spielen bei Teichbecken eine untergeordnete Rolle, sie finden Verwendung bei Wasserspielen und Springbrunnenanlagen, sowie in Gärten in denen metrische Formen vorherrschen.

Am beliebtesten sind die klassische Nierenform und weitere geschwungene Formen, die sich in Verbindung mit einer geschickten Randgestaltung zu einem interessanten Biotop gestalten lassen. Von großer Bedeutung sind bei einem Teichbecken noch die einzelnen Pflanzzonen, da sie später maßgebend zum Erscheinungsbild des fertigen Teichbeckens beitragen. Diese Pflanzebenen sollten in einem Teichbecken nach Möglichkeit in verschiedenen Höhen angebracht sein und so breit wie möglich sein.

Von sehr kleinen Becken, also solchen, die wenig länger als 1 m und kaum breiter als 80 cm sind, ist eher abzuraten. Wenn sie in der Anschaf-

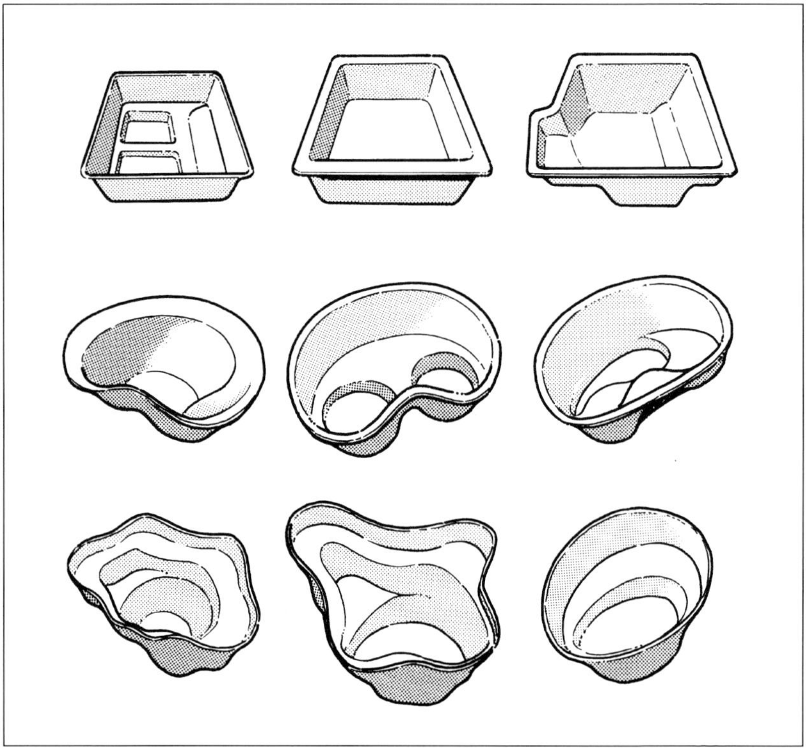

Die Formenvielfalt bei Fertigbecken ist sehr groß. Eckige Formen eignen sich am besten an oder auf Terrassen.

fung auch preiswert erscheinen, so machen sie ihrem Besitzer im nachhinein wenig Freude. Hier ist das Wasservolumen zu gering. Das Wasser erwärmt sich im Sommer zu rasch, mit allen negativen Konsequenzen daraus. Hierdurch kann ein Kleinbecken sehr arbeitsaufwendig werden.

Materialien für Fertigbecken
Kleinbecken werden in der Regel aus PE (Polyethylen) gefertigt. Größere Becken hingegen aus mit Glasfasern verstärktem Polyesterharzen. Hierbei muß unterschieden werden zwischen Material das im Spritzgußverfahren und solchem, das lagenweise im Schichtbauverfahren auf großen Formen hergestellt wurde. Je länger die Glasfasern sind, die zusammen mit dem Polyesterharz verarbeitet werden, desto größer ist die Stabilität. Diesen, in absoluter Handarbeit gefertigten Becken, die natürlich auch teurer sind, ist von vornherein ein großer Vorteil einzuräumen. Diese sogenann-

ten GFK-Becken sind zwar nahezu unverwustlich, schneiden aber in der Frage der Entsorgung schlecht ab. Die PE-Becken und alle anderen nicht glasfaserverstärkten Becken können recycled und wiederverwertet werden. Zum Teil bieten die Hersteller, ähnlich wie bei Teichfolie, auch schon eine Rücknahmegarantie an.

Ganz entscheidend ist die Wand- bzw. Materialstärke eines Fertigbekkens. Von besonderer Bedeutung ist dies bei den GFK-Becken, die im Spritzgußverfahren gefertigt sind. Ferner ist die Wandstärke in Verbindung mit der Beckengröße maßgebend. Leider wird die Wandstärke von den Herstellern gerne verschwiegen. Je größer ein Teichbecken ist, desto stärker sollte natürlich das Material sein. Besonders wichtig ist dies an stärker gefährdeten Stellen, wie der Tiefzone oder an Ecken und Kanten. Bei besonders großen Becken bauen die Hersteller von vornherein Stabilisatoren in Form von Querriegeln und Versteifungen ein.

Sumpfzone – Ja oder Nein?

Die Frage ist im Grunde genommen schnell beantwortet und die Antwort sollte unbedingt »ja« lauten, denn in diesem Bereich siedeln sich schließlich die meisten Pflanzen an und für viele Tierarten eines Teiches ist sie sogar lebensnotwendig. Leider wird diese Zone aber nur von wenigen Fertigbekkenherstellern eingeplant und bei Kleinbecken ergibt sich nicht einmal im nachhinein die Möglichkeit, eine Sumpfzone nachzurüsten. Oftmals sind die Sumpfzonen in Form von Rinnen, die den gesamten Beckenrand umlaufen, auch zu schmal. Eine zu schmale Sumpfzone ist immer noch besser als keine und bautechnisch kann eine Sumpfzone auch noch nachträglich eingeplant werden. Zum einen bieten verschiedene Hersteller Verbindungssätze an, mit denen Teichbecken untereinander verbunden werden können (insbesondere bei GFK-Becken). Zum anderen kann auf die bewährte Teichfolie zurückgegriffen werden. Hierzu wird ein flaches Beckenprofil wie beim Folienteichbau angelegt und das Folienende wird in die wellenförmige Sumpfzone des Fertigteichs eingelegt. Damit die Folie in der vorgeformten Sumpfzone des Beckens auch hält, wird diese zuvor mit Siliconkleber dünn bestrichen. Noch überstehende Folienreste können leicht mit einem Teppichbodenmesser abgeschnitten werden. Nach einer Wartezeit von 6 Stunden ist die Sumpfzone aus Becken und Folie voll belastbar. Eine Problemzone ergibt sich an den Stellen, wo die »eingeklebte« Folie beginnt bzw. endet. Hier läßt man die Folie am besten ein wenig überstehen und kaschiert dies später mit Steinen und Pflanzen. Im Sommer ist eine ständige Kontrolle des Wasserstands erforderlich, weil ein natürliches Überlaufen aus dem Fertigbecken nicht unbedingt gewährleistet ist.

Der Fachhandel bietet aber noch weitere Möglichkeiten für den nachträglichen Einbau einer Sumpfzone in Fertigbecken an. Diese Sumpfpflanzkästen gibt es gerade, eckig oder auch gebogen und sie werden mit Haltern ähnlich wie bei Balkonkasten einfach auf den Beckenrand gesteckt. Die Kästen sind durch diese Haken etwa 5 bis 10 cm tief im Wasser, Löcher im Boden der Gefäße sorgen für die Wasserversorgung. Damit die Form der

Mit speziellen Halterungen lassen sich Pflanzkästen in Fertigbecken anbringen.

Kästen der Beckenform auch angepaßt ist, sollten beide den gleichen Hersteller haben. Eine weitere, sehr schöne Möglichkeit, ergibt sich mit einem System, das aus kleinen Containern besteht, die auf einem Kunststoffriemen mit Knöpfen sitzen. Diese Container können durch die Knöpfe individuell in der Höhe verstellt werden, die Riemen selbst sind variabel einsetzbar am Rand. Hierdurch ist sogar eine Umgestaltung des Teichrandes möglich.

Der Einbau eines Fertigbeckens

Der Einbau von Fertigbecken im Gelände erweist sich schwieriger, als der Einbau von Folie. Es wird umso komplizierter, je mehr Ebenen das Teichbecken hat und je größer es ist.

Hanglagen für Fertigteiche sollten von vornherein nicht in Betracht gezogen werden, da sie, vor allem bei größeren Becken, immer die Gefahr in sich bergen, daß das nachträglich aufgeschüttete Material abrutschen kann und dadurch das Becken zerstört wird.

Nachdem man sich vergewissert hat, daß das Gelände für das Becken weitgehend eben ist, stellt man es auf die Fläche auf der es später einmal eingegraben wird und sticht mit einem Spaten die Form des Beckens ab. Zunächst wird die Mutterbodenschicht entfernt und dann bis zur Tiefe der ersten Ebene des Beckens gegraben. Es ist zweckmäßig gleich 10 bis 15 cm breiter auszuheben, als das Becken breit ist.

Ist die erste Ebene ausgehoben, wird die Fläche mit einem Rechen geglättet und das Becken in die ausgehobene Fläche gestellt. Hierdurch wird dann automatisch die tiefste Stelle abgezeichnet, denn die Fertigteiche verjüngen sich alle zur Mitte hin. Es wird jetzt diese Zone ausgehoben wobei unterschiedliche Böden auch unterschiedlich gelagert werden sollten. Hat man die Umrisse dieser Zone ausgehoben, stellt man das Becken wieder in die Teichform, wodurch sich die nächst flachere Zone wieder in der Form abzeichnet. Man verfährt so

Grundregeln für den Einbau von Fertigbecken

Das Becken muß sorgfältig in Waage eingebaut sein, nachträgliche Korrekturen, wie man es bei Folie gewohnt ist, sind unmöglich. Jeder Hohlraum unter dem Beckenboden kann durch das Gewicht des Wassers dazu führen, daß das Becken auseinanderbricht

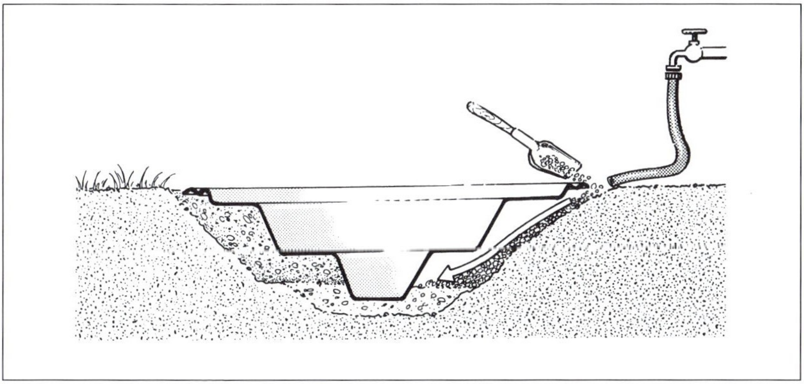

Fertigbecken werden vorsichtig mit Wasser und Aushub eingeschlämmt. Damit es nicht verrutscht, sollte es teilweise mit Wasser gefüllt werden.

weiter, bis alle Pflanzzonen auf diese Weise ausgehoben sind. Wichtig ist, daß jede einzelne Pflanzzone im Boden ein wenig breiter als das Becken ist.

Unter dem Beckenboden wird eine Schicht Rheinsand eingebracht, bis das Becken absolut plan und satt auf dem Sandbett steht. Als Werkzeug benötigt man dabei unbedingt eine Richtlatte und eine Wasserwaage. Der nächste Schritt ist eine Wasserfüllung von einem Drittel der Beckenhöhe. Erfolgt das nicht, verrutscht das Becken unweigerlich in seiner Lage.

Der Rand zwischen dem Teich und Gelände wird nun mit dem Aushubmaterial verfüllt. Stein und Kiesmaterial sollte hierzu nicht verwendet werden. Das Füllmaterial sollte unbedingt mit Wasser eingeschwemmt werden. Bei kleinen Becken reicht hierzu eine Gießkanne, bei größeren Becken ist ein Schlauch mit geringem Wasserdruck anzuraten. Passieren kann dabei nichts, denn das Gewicht des Wassers im Becken hält das Becken in seinem Bett. Gefahr droht jedoch, wenn das Einspülen des Füllmaterials mit zu hohen Wasserdruck geschieht und das Becken unterspült wird.

Arbeitsablauf beim Einbau eines Fertigbeckens

Fertigbecken an die geplante Stelle setzen
Umrisse des Beckens am Boden abzeichnen
10 bis 20 cm breiter als das Becken ausheben
Mutterbodenschicht abheben
Profil des Beckens ausheben
Tiefe des Aushubs durch Einstellen des Beckens überprüfen
Standfläche des Beckens mit einer Sandschicht versehen
Beckenoberkante mit Wasserwaage und Richtlatte einpassen
Tiefzone mit Wasser füllen
Raum zwischen Aushubprofil und Beckenrand mit Erde unter Zugabe von Wasser auffüllen

Der Aushub entspricht dem Profil des Beckenbodens. Das Becken muß plan auf einer Sandschicht aufliegen.

Eine Besonderheit bilden die Beckenformen, die zusammengeschraubt werden. An diesen Verschraubungen sind Wülste oder breite Nähte, die ebenfalls sehr sorgfältig im Boden eingebaut sein müssen, damit später keine Hohlräume unter dem Beckenboden entstehen. Die Ausgleichsschicht aus Sand muß um einiges höher sein als der Überstand der Naht. Nach Erstellen des Sandbettes am Boden baut man ein Kantholz in der Stärke der Naht ein und entfernt dies unmittelbar vor dem Einbau des Beckens. Bei Becken, die aus mehreren Teilen zusammengesetzt sind, sind hierfür einige helfenden Hände gefragt, damit das Becken durch mehrfaches rein- und rausheben nicht auseinanderbricht. Die zusammenschraubbaren Teichbecken werden von verschiedenen Herstellern angeboten und bestehen, wie bei einem Baukasten, aus wenigen Grundformen, die aber ganz individuell verarbeitet werden können. Plant man das Becken sehr groß, so ist ein Verschrauben im Boden unvermeintlich. Hierbei muß peinlich darauf geachtet werden, daß zwischen Verschraubung und Dichtung während der Arbeit kein Sand gelangt, der sofort zu Undichtigkeiten führen kann. Während der Montage muß ständig darauf geachtet werden, daß das Becken bzw. die Teilform auch in Waage eingebaut ist.

Zubehör für Fertigbecken
Die Hersteller von Fertigbecken vertreiben fast alle interessantes Zubehör, das dem Teichbesitzer ermöglicht, unterschiedliche Becken des gleichen Produzenten miteinander zu verbinden. Dies geschieht mit Überbrükkungs- oder Verbindungselementen. Diese Teile, ebenfalls aus GFK, werden einfach auf den Teichrand gedrückt und stellen dann eine wasserdichte Verbindung zwischen zwei Teichen dar. Viele Teichbecken-Firmen bieten Bachläufe als Fertigteile an. Auch hierfür gibt es den passenden Anschluß für das Becken.

Im hügeligen Gelände, oder wenn die Teichbecken etwas weiter auseinander liegen, gibt es ein verschraubbares Rohrsystem, das die Teiche miteinander unterirdisch verbindet. Hierzu sollten die einzelnen Teichbekken in einem unterschiedlichen Höhenniveau eingebaut sein. Die Differenz sollte etwa 20 bis 30 cm von Becken zu Becken betragen. Die notwendige Bohrung für das Verbindungsstück läßt sich mit Hilfe einer Lochfräse sehr einfach im Teichbekkenrand anbringen. Das Verbindungsstück setzt man am besten in einer Höhe von 5 bis 10 cm an. Mit einem flexiblen 2 Zoll Schlauch wird die Verbindung an den mitgelieferten Verschraubungen befestigt. Die Verbindungsschläuche liegen in einem Graben, der später wieder verfüllt wird. Das ganze klingt wesentlich komplizierter als es ist. Eine Zeichnung verdeutlicht den einfachen Einbau nochmals.

Ein Überlauf kann als fertiges Bauteil sehr leicht im Fertigbecken eingebaut werden. Damit der Wasserstand möglichst hoch bleibt, ist es wichtig, den Überlauf so hoch wie es geht in der Beckenwand einzusetzen. Dies geschieht wieder mit Hilfe der Lochfräse, die an jeder Bohrmaschine angeschlossen werden kann. Zwei mitgelieferte Gummidichtungen vor und hinter der Verschraubung sorgen für die Dichtigkeit des Überlaufs.

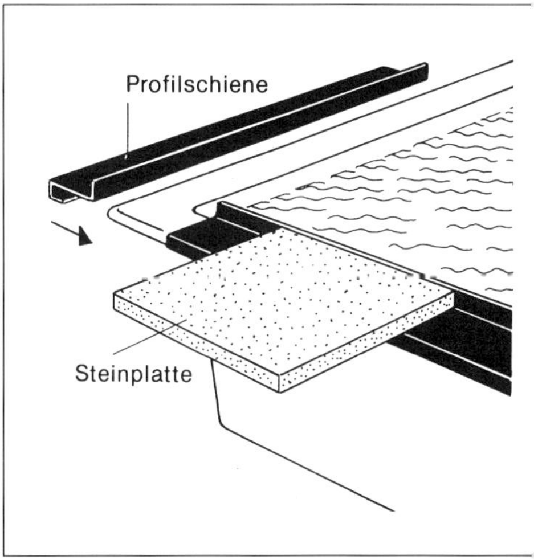

Sollen die Beckenränder von Fertigbekken mit Gehwegplatten abgedeckt werden, dann sind Profilschienen die sicherste Lösung.

Kopfteil 084 K
Liter 1900
Tiefe 800 mm
Breite 3200 mm
Länge 1800 mm
Maßstab 1:25
⅛ Teilkreis 084 T
Breite 3200 mm
Länge 900 mm/3200 mm
Tiefe 800 mm
Liter 3000
Maßstab 1:25
Segmentbogen 084 S
Länge 1500 mm
Breite 3200 mm
Tiefe 800 mm
Liter 2600
Maßstab 1:25
Kopfteil 084 K
Liter 1900
Tiefe 800 mm
Breite 3200 mm
Länge 1800 mm
Maßstab 1:25

◁ *Größere Fertigbecken können auch aus verschiedenen Einzelelementen zusammengestellt werden.*

◁ *Unten: Zusammenschraubbare GFK-Becken werden im Garten montiert.*

Zwischen die einzelnen Elemente darf kein Schmutz gelangen. ▷

Die Kontaktstellen werden mit einer durchgehenden Schicht Silikon vorbereitet.
▽

◁ Oben: Die Beckenteile werden verschraubt und anschließend auch von innen an den Verbindungsstellen noch einmal mit Silikon abgedichtet.

Ein Minibagger kann den Aushub sehr erleichtern. Verleihfirmen stehen im Branchenbuch unter Baumaschinenvermietung.

◁ Ein fertig montiertes GFK-Becken.

△
Für die Feinarbeiten ist wieder Handarbeit notwendig. Die Aushubsohle muß völlig eben sein (Wasserwaage!) und wird mit einer Ausgleichsschicht aus Sand bedeckt. Die Hölzer dienen beim gleichmäßigen Abziehen der Sandschicht als Höhenkontrolle.

◁ *Das ausgerichtete Becken wird mit Erde beschwert, damit es beim Verfüllen nicht mehr verrutscht.*

Oben: Der Aushub wird verfüllt und eingeschlämmt. Der Bagger ist nur noch für größere Erdbewegungen zuständig. Die Sumpfzone ist bereits mit Kies bedeckt und bepflanzt. ▷

Die Ränder werden in Handarbeit planiert und zur Bepflanzung oder Raseneinsaat vorbereitet. ▷

TB15

Gartenteiche aus Polyesterharz und Glasfasermatten

Eigentlich kennen wir diesen Baustoff schon von den Fertigbecken. In diesem Kapitel geht es aber um Teiche, die nach eigenen Ideen im Gelände modelliert und dann mit Glasfasermatten und Polyesterharz ausgekleidet werden.

Nach heutigem Stand der Technik verspricht solch ein Teich höchste Qualität und vor allem auch Lebensdauer. Diese einmalige, etwas teurere Investition wird schon nach wenigen Jahren zeigen, daß sie auf lange Sicht gesehen doch eher preisgünstig ist, da absolut problemlos und sehr haltbar. Diese Teichbautechnik wird gerne von Fischzüchtern angewendet. Eine bestimmte einzuhaltende Größe ist nicht vorgegeben. Sowohl für strapazierfähige Teiche, als auch solche mit komplizierten Formen (z. B. Terrassenteiche, Sprudelbecken) ist diese Bauweise eine Überlegung wert. Lediglich genau einzuhaltende Arbeitsschritte sind bei der Verwendung dieses Baustoffes zu beachten.

Bau eines Beckens

Sehr wichtig ist die richtige Vorbereitung des Untergrundes für die Beschichtung mit Polyesterharz und Glasseidenmatten.

◁ *Oben: Deutlich zu erkennen sind die in Containern ausgepflanzten Pflanzen der tieferen Zonen.*

◁ *Der Rasen ist wieder gewachsen, die Wasserpflanzen haben Fuß gefaßt, das Becken ist zu einem Teil des Gartens geworden.*

Materialliste für den Selbstbau eines GFK-Beckens

Für eine Abdichtung von 5 m² Teichfläche werden bei einer dreifachen Beschichtung folgendes Material benötigt:
1 l Grundierung
16 m² Glasfasermatte 8450 g/m²)
30 kg Polyesterharz
2 kg Schnellversiegelung
1 kg Schlußlack
1 kg Farbpaste
1 kg MEKP Härter
5 l Reinigungsmittel
1 Fellroller
1 Metallscheibenroller

Hierfür eignen sich mehrere Methoden. Am einfachsten tränkt man Jutegewebe in einem Behälter mit angeführtem Gips und legt die so getränkten Matten dann auf das Teichprofil auf. Wichtig ist dem Gipsbrei einen Abbindeverzögerer beizumischen. Die Jutestücke sollten auch nicht größer als einen halben bis ganzen Quadratmeter sein, sonst werden sie zu schwer. Die Stoßstellen sollten 5 bis 8 cm überlappen. Jutegewebe wird im Teppich- und Tapeten-Fachhandel als Dekorationsmaterial angeboten. Es sollte möglichst fein gewoben sein, damit der Gipsbrei nicht sofort durch das Gewebe dringt. Angeboten wird es in Bahnbreiten von 100 bis 150 cm.

Der Abbindeverzögerer wirkt etwa eine halbe Stunde. Daher sollten nicht mehr als 3 bis 4 Matten mit Gipsbrei hergestellt und in das Teichprofil gelegt werden. Die Überlappungen und der Gipsbrei der auf den Jutematten verlaufen ist, wird dann mit einer Maurerkelle glattgestrichen.

Ist der Untergrund sehr trocken, so werden die mit Gips getränkten Matten trotz Verzögerer sehr schnell antrocknen. Je feuchter der Untergrund ist, desto länger dauert das Abbinden. Gipsbrei wirkt auf die Haut sehr aggressiv. Es ist zweckmäßig, bei diesem Arbeitsgang Gummihandschuhe zu tragen.

Das ganze ähnelt einem Tapeziervorgang. Nach einem Tag haben die Gips-Jute-Matten soweit abgebunden, daß der nächste Schritt folgen kann. Sollten die Matten bis dahin noch nicht voll abgebunden haben, d. h. sie sind noch feucht, kann unter gar keinen Umständen mit dem nächsten Arbeitsgang begonnen werden. Dies kann z. B. durch den erdfeuchten Zustand des Untergrunds der Fall sein.

Bevor wir uns diesem zuwenden noch eine weitere Methode zur Untergrundvorbereitung. Hierzu wird das Teichprofil mit Bitumenpapier ausgelegt. Eine Methode, die sicherlich preiswerter und schneller ist. Nur das Bitumenpapier bereitet beim Verlegen in einem schön geformten Teich Schwierigkeiten, denn es muß glatt und faltenlos auf dem Teichprofil aufliegen. Dies geht nur, wenn das Papier in Stücke und Streifen geschnitten wird. Die Verbindungen stellt man mit Kreppband her.

Die weiterführenden Arbeiten sind nach der Untergrund-Vorbereitung alle gleich. Zunächst wird ein Haftgrund mit einem Fellroller aufgebracht. Nach 1 bis 3 Stunden wird der Polyesterharz aufgestrichen, nachdem er zuvor mit 1% Härter versetzt wurde. Sofort im Anschluß werden die Glasseidenmatten aufgelegt und mit weiterem Polyesterharz mit Hilfe eines Fellrollers getränkt. Die Konzentration des Härters kann hierfür auf 2% erhöht werden. Die Stoßstellen der Seidenglasmatten werden 3 cm überlappt.

Dieser Arbeitsvorgang wird in drei Lagen durchgeführt und wiederholt sich immer wieder. Etwaige Luftblasen werden mit einem Metallroller, wie man ihn vom Tapezieren kennt, ausgeglichen. Je nach Größe des Teiches ist es nicht notwendig, den Arbeitsvorgang an einem Tag zu beenden. Der Anschluß erfolgt auch nach Abbinden am nächsten Tag problemlos. Bei einer Temperatur von +18 °C härtet Polyesterharz nach 40 Minuten. Daher darf nie auf einmal zuviel Harz und Härter angerührt werden. Das Auflegen (»auftapezieren«) der drei Lagen erfolgt am besten so, daß man mit der Randlage beginnt, mit den Seitenteilen weitermacht und schließlich mit den Bodenlagen die Auskleidung beendet.

Der nächste Arbeitsgang ist das Ausgleichen von Unebenheiten mit Schleifpapier, was in einem Gartenteich mit Sicherheit aber nur eine untergeordnete Rolle spielt. Nur an Stellen, die nach der Fertigstellung sichtbar bleiben, wird dies notwendig sein.

Jetzt wird der Teich noch eingefärbt, denn die weiß bis grauen Matten bilden keinen passenden Untergrund. Zur Verwendung kommt wiederum Polyesterharz, der mit 20% Farbpaste und 3% Härter versetzt ist. Für einen Teich wählt man am besten schwarz oder dunkelgrün. Das Aufbringen der Farbschicht erfolgt wieder mit dem Fellroller und kann nach etwa 1 Stunde nochmals wiederholt werden. Als letzter Arbeitsgang kommt dann die Schlußlackierung, die mit einem farblosen LT Lack + 3% MEKP

Härter ausgeführt wird. Dieser Lack härtet bereits nach 15 Minuten. Das Becken sollte zunächst für ein paar Tage im Leerzustand, möglichst bei Sonnenschein aushärten. Im ausgehärteten Zustand ist es dann ohne weiteres auch als Fischbecken zu verwenden.

Die Hersteller der Chemikalien für diese Teichbauart weisen ausdrücklich auf ihren Verpackungen auf die Sicherheitsvorschriften bei der Anwendung ihrer Produkte hin. Es ist äußerst wichtig, die einzelnen Produkte getrennt voneinander zu lagern.

Gartenteiche aus Beton

Ein Gartenteich aus Beton war früher üblich, denke man an die vielen, blaugestrichenen Becken, die als Springbrunnenteich in vielen Vorgärten zu sehen waren. Dieser Baustoff ist in der heutigen Zeit bei Teichen weitgehend durch andere Baustoffe verdrängt worden. Dies liegt im wesentlichen an 3 Dingen:

- der Bau ist sehr aufwendig
- der Bau muß an einem Tag fertiggestellt sein
- es wird viel zusätzliches Material benötigt, was hohe Baukosten verursacht.

Von dem Bau eines Betonteiches ist daher eher abzuraten. Es mag dennoch immer wieder Situationen geben, in denen diese Bauweise gewählt wird.

Bau eines Betonteiches

Beim Bau eines solchen Teiches ist wie üblich eine sehr genaue Planung die erste Grundvoraussetzung. Bedenke man doch, daß bei diesem Baustoff spätere Änderungen nur noch mit einem Preßlufthammer vorgenommen werden können.

Sehr entscheidend ist, daß das Gefälle im Teich 30% nicht übersteigt. Dies aus zwei ganz wesentlichen Gründen:

- bei 25 bis 30% Gefälle kann sich Eis im Winter problemlos nach oben drücken, wodurch der Teich auch bei langanhaltender Kälte nicht gefährdet ist.
- bei diesem Neigungswinkel kommt man gerade noch daran vorbei, für den Teich eine Schalung bauen zu müssen.

Eine sehr gute Untergrundvorbereitung ist die nächste Voraussetzung. In einem Verleihgeschäft für Baumaschinen leiht man sich eine kleine Rüttelplatte und verdichtet damit mehrfach das fertige Teichprofil. Für ein Betonbecken eignen sich am besten sandige oder kies- bis steinhaltige Böden.

Um eine bessere Haftung des Betons zu gewährleisten, sollte das verdichtete Teichprofil mit grober Dachpappe ausgelegt werden. (rauhe Seite nach oben). Auf diese Dachpappe wird eine Lage des dünnsten Baustahlgewebes gelegt. Dieses Gewebe ist so dünn, daß es mit der Form des Teiches noch eingelegt werden kann. Diese Armierung ist am wichtigsten in den frostgefährdeten Regionen, also am oberen Rand. Geben die Matten zu wenig nach, zerschneidet man sie mit einem Bolzenschneider und läßt sie überlappen.

Der nächste Schritt ist die Einbringung der Betonmasse. Ich würde niemanden dazu raten, Beton mit einem Mischer selbst herzustellen. Hier spart man am falschen Platz. In jedem Ort gibt es Firmen, die Fertigbeton vertreiben und da sollte man ihn auch bestellen. Ferner bieten diese Firmen Spezialbeton an, der für Teichbau besonders geeignet ist. Auf Wunsch wird der gelieferte Beton mit einem Verzögerer angeliefert, hierdurch härtet er nicht so schnell und kann länger verarbeitet werden. Zum anderen kann dem Fertigbeton gleich noch ein Dichtungsmittel beigegeben werden. Hierdurch ist der Teich von vornherein wasserdicht.

Bei einer normalen Teichgröße von 6 × 4 m rechnet man mit einer etwa 10 cm dicken Schicht Beton. Größere Teiche sollten wenigstens eine 15 cm dicke Schicht Beton mit Baustahl haben. Die Fläche muß vorher ausgerechnet werden und dann mit der geplanten Betonschicht multipliziert werden, dies ergibt die Menge an Beton, die benötigt wird. Bei einer Teichfläche von 20 m und einer gewünschten Betonstärke von 15 cm müssen 3 m^3 Fertigbeton bestellt werden.

Je nach Teichgröße werden für den Bau 3 bis 4 Personen benötigt. Am einfachsten geht es natürlich, wenn das Lieferfahrzeug bis an den Teich fahren kann und den Fertigbeton dann an die gewünschte Stelle ablädt. Meist ist dies aber nur ein Wunschdenken, denn die tonnenschwere Fahrzeuge passen selten in einen Garten.

Zwei Personen werden zum Transport und zum groben Verteilen des Betons benötigt. Dies muß so geschehen, daß nicht sinnlos in dem sehr empfindlichen Teichprofil herumgelaufen wird. Eine zusätzliche Person muß dann den Beton mit einem Handstampfer festrütteln und der andere glättet alles mit einer Kelle. Teiche, die eine Größe von mehr als 5 m Länge haben, sollten mit einer Dehnungsfuge versehen werden. Dies ist ein Schlitz von 2 cm Breite der in Querrichtung durch die Betonfläche läuft und später mit Silicon ausgespritzt wird. Die Dehnungsfuge legt man mit einer dünnen Holzlatte in den Beton, die nach Abbinden des Betons problemlos entfernt werden kann.

Um später auch ganz sicher zu gehen, sollte man den fertigen Teich nach 10 bis 12 Tagen mit einem Polyesterharz, wie auf Seite 79 beschrieben, einstreichen. Ist es beim Bau des Betonteiches sehr heiß, dann sollte die Fläche öfter mit Wasser besprüht werden. Bei Unterlassung bekommt das Teichprofil sonst schnell Risse, die im Winter auffrieren und den Teich dann undicht machen.

Am wenigsten Probleme dürfte der Einbau eines Überlaufes bereiten, der gleich in Form eines 10 bis 15 cm starken HT-Rohres in der Betonschicht mit eingebaut werden kann. Als problematisch gestalten sich bei Betonbecken immer wieder die im Winter auftretenden Spannungsrisse, die einen Teich schnell undicht werden lassen. Besonders gefährdet sind in jedem Fall die Ränder eines solches Teiches.

Umrüstung eines Schwimmbeckens zum Gartenteich

Ehe man sich dazu entschließt, ein altes Schwimmbecken und sei es nur ein Kinderplantschbecken, abzureißen oder einfach zuzuschütten, könnte man sich überlegen, dieses als Gartenteich umzugestalten. Natürlich muß so etwas in das Planungskonzept eines Gartens passen. Keinesfalls darf es nur eines Teiches wegen an einer

Stelle belassen werden, die hinterher nur Probleme bereitet.

Technisch gesehen kann ein altes Schwimmbecken mit zwei Baustoffen zum Gartenteich umfunktioniert werden. Dies ist die Teichfolie und zum anderen der glasfaserverstärkte Kunststoff (GFK). An der zumeist rechteckigen Form eines Schwimmbeckens läßt sich kaum noch etwas ändern, wohl aber im Innenleben. Da ein Schwimmbecken in der Regel unterschiedlich tief ist, füllt man zunächst eine Kiesschicht in das Becken und erreicht so eine gleichmäßige Tiefe von 60 bis 80 cm. Als Schüttmaterial eignet sich hier ein nicht zu grobes Kies-Sand-Gemisch (Korngröße 0 bis 30 mm). Ist die Fläche sehr groß, dann kann mit Hilfe des Kies-Sand-Gemisches sogar ein Teichprofil von der oberen Kante bis auf die Höhe des neuen Bodens in einem Winkel von 40 bis 45 Grad aufgeschüttet werden. Um sich diese Arbeit zu erleichtern, sollte das Material feucht sein, sonst rutscht es nach. Durch diese Veränderung der Ecken bekommt der neue Teich sofort ein gefälligeres Aussehen. Die spätere Abdichtung unter den Wassermassen üben auf die Ausschüttung soviel Druck aus, daß diese nicht nachrutschen kann.

Eine interessante Variante besteht darin, daß die Abdichtung nicht ganz bis in die Ecke verbaut wird. Der so entstandene Hohlraum wird über die Kiesschüttung mit Erde aufgefüllt und ergibt somit ein schönes zusätzliches Pflanzbeet. Die nächste Arbeit ist das Abdichten dieses Teichprofils. Die GFK-Bauweise ist der Folie vorzuziehen, weil sie bei der Randgestaltung des Beckens keine Probleme bereitet.

Bei der Verwendung von Folie muß der Plattenrand, der ein Schwimmbekken fast immer umgibt abgehoben werden. Unter den Platten wird dann die Folie mit Bitumenkleber befestigt und darüber wieder die Randplatten. Je größer die Platten sind, desto einfacher wird sich dies gestalten.

Eine andere Möglichkeit wäre das Ankleben der Teichfolie im Beckenrand. Hierzu wird ebenfalls Bitumenkleber verwendet mit zusätzlicher Unterstützung einer am oberen Rand angedübelten Schiene. Als Material hierfür eignet sich ein dünnes Flacheisen aus Edelstahl, was man als zweite Wahl preiswert kaufen kann. Andere Materialien sind weniger geeignet, weil sie entweder rosten, oder wie Aluminium stark oxidieren und somit Einfluß auf die Wasserqualität nehmen.

Gartenteiche aus Naturbaustoffen

In der heutigen Zeit, in der das umweltgerechtere Denken immer mehr zur Selbstverständlichkeit werden sollte, darf in einem Buch über Teichtechnik die Beschreibung von Teichen aus Naturbaustoffen nicht fehlen. Leider ist nicht jedermann, der einen Teich baut auch bereit, diesen Baustoff einzusetzen. Dies mag zunächst einmal an der Größe liegen, denn solch ein Teich ist weitgehend uninteressant, wenn er nicht mindestens eine Wasseroberfläche von 40 m^2 hat. Zweitens scheut der eine oder andere auch die Kosten und eventuell auch noch die Mehrarbeit. Letztlich spielt auch noch der Boden, in dem der

Teich gebaut werden soll, eine Rolle. Reine Sandböden sind ungeeignet. Nur auf weitgehend bindigen, lehmigen Böden ist diese Abdichtungsform ohne größeren Aufwand für den Unterbau sicher einzusetzen.

Teichbau mit Tonelementen
Dieses Abdichtungssystem hat sich inzwischen sehr gut bewährt. Es handelt sich um vorgefertigte, ziegelartige Elemente aus reinem Naturton. Bei ihrer Verwendung sind zwei Punkte von besonderer Wichtigkeit: die Teichgröße und die Boden- und Untergrund-

Tonelemente (DIA-Teichbauelement)	
Maße (L × B × H)	32 × 27 × 10
Gewicht	16 kg pro Stück
Material	plastischer, knetbarer, hoch vorverdichteter Naturton
k-Wert (Wasserdurchlässigkeit)	10^{-11} m/sek.
Form und Profil	Seitliche Verzahnung und Schrägschnitte stellen die Materialüberlappung her
Lieferform	Auf Leihpaletten à 5,4 m², Gewicht 1,05 t. Elemente in PE-Folienbeuteln. Krananlieferung auf Wunsch.
Voraussetzungen für den Einsatz von Naturbaustoffen	
Steigungsverhältnis der Böschungen	maximal 1:3 oder 18 Grad
Mindestgröße bei frostfreier Tiefe	35 bis 40 m², bei einer Wassertiefe von 1 m sind wenigstens 3 m lange Böschungen notwendig. Bei einer Kreisform entspricht dies einem Durchmesser von 6 m
Untergrund	trockener, fester, »gewachsener« Boden. Bei schlecht zu verdichtenden, sandigen oder nassen Böden müssen Trennvliese oder ein Schotterunterbau vorgesehen werden

◁ Tonziegel, wie sie für die Teichabdichtung verwendet werden.

Lagenweise und dicht an dicht ▷ werden die Ziegel auf dem verdichteten Untergrund verlegt.

Einer der wichtigsten Arbeitsgänge: Verstampfen.

beschaffenheit. Hier sollte man sich zuerst Klarheit verschaffen, ob der vorgesehene Teichstandort sich eignet.

Die Teichgröße wird bestimmt durch das Steigungsverhältnis der Böschungen. Es darf maximal nur 1:3 (etwa 18 Grad) betragen. Ein Teich, mit einer Wassertiefe von etwa 1.00 m, hätte dementsprechend mindestens 3.00 m lange Böschungen bzw. einen Durchmesser von etwa 6.00 m. Die kleinste, machbare Größe eines Naturteiches aus Ton liegt – frostfreie Tiefe vorausgesetzt – bei etwa 35 bis 40 m². Eine steilere Ausbildung der Böschungen führt unweigerlich zu späteren Undichtigkeiten des Teiches.

Über die Boden- bzw. Untergrundbeschaffenheit kann eine Probegra-

Aufbau eines Teiches mit einer Abdichtung aus Tonziegeln.

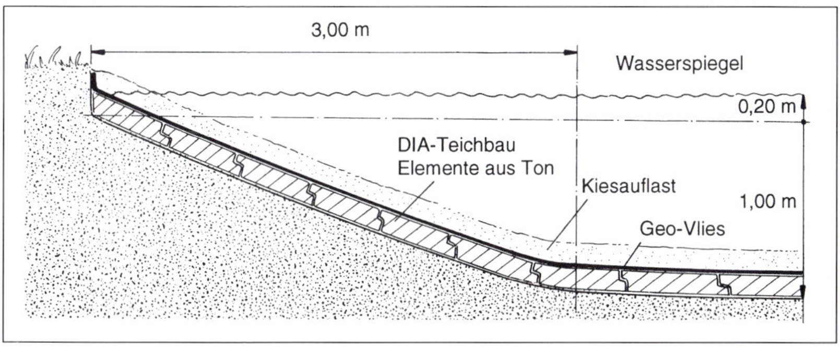

Die verstampften Ziegel werden mit Vlies und einer Kiesschicht abgedeckt.

bung Aufschluß geben. Trockener, fester und »gewachsener« Boden eignet sich am besten und kann problemlos als Baugrund dienen. Schwierig wird es bei aufgefüllten oder sehr sandigen, schlecht verdichtbaren Böden. Hier ist es ratsam, in jedem Fall ein Geotextilvlies als Trenn- oder Sauberkeitsschicht vorzusehen.

Ist der Boden naß, schmierig und schlecht verdichtungsfähig oder ist Schichtenwasser vorhanden, dann wird es unumgänglich sein, eine etwa 15 bis 20 cm starke Tragschicht aus Schotter- oder Mineralgemisch (Körnung 2 bis 32, Größtkorn bis 45 mm) vorzusehen. Die Tragschicht ist zu verdichten und mit einem Geotextilvlies (Vliesklasse 4, mindestens 270 g/m^2) zu bedecken. Die Vliesbahnen müssen dabei etwa 50 cm seitlich überlappen.

Sind die oben aufgeführten Punkte geklärt und die Konturen des Teiches festgelegt, kann mit den Aushubarbeiten begonnen werden. Im Profil, von der Geländeoberkante gesehen, ist eine etwa 25 bis 30 cm tiefe, senkrechte Kante zu schaffen, erst dann beginnen die Böschungen (1:3). Diese Kante dient als Wiederlager für Ton und Kies. In diesen Knickbereich muß besonders sorgfältig gearbeitet werden, denn hier entstandene Unebenheiten zeigt später exakt und schonungslos der Wasserspiegel. Durch die Aushubarbeiten aufgelockerter Boden muß nachverdichtet werden.

Nach Fertigstellung der Aushub- und Planierungsarbeiten kann mit dem Einbau der Teichbauelemente aus Ton begonnen werden. Das Verlegen der Elemente erfolgt immer von links nach rechts, beginnend am linken oberen Rand der Teichgrube. Es dürfen keine Fugen und Spalten größer als 2 cm entstehen, d. h. die Elemente müssen sauber und eng aneinanderliegen. Bei Bedarf können die Teichbauelemente problemlos mit dem Spaten bearbeitet werden (wie z. B. bei Rundungen). Beim Verlegen muß immer darauf geachtet werden, daß keine Fremdkörper, wie Steine, Boden, Laub, Holz etc., zwischen die Fugen geraten. Dieses Schadensrisiko kann das, oben schon erwähnte, Geotextilvlies als Trenn- und Sauberkeitsschicht erheblich mindern.

Grundsätzlich darf nur so viel verlegt werden, wie am gleichen Tage auch fertiggestellt, d. h. verstampft und mit Vlies und Kies oder Schotterauflast abgedeckt werden kann! Da es sich bei den Teichbauelementen um erdfeuchten, plastischen Ton handelt, dürfen sie nicht austrocknen. Folglich sind sie, während des Einbaus, vor jeglichen Witterungseinflüssen (Sonne, Regen, etc.) durch Abdecken mit Folie oder Jute unbedingt zu schützen. Ein durch Regen aufgeweichter oder aufgequollener Ton ist nicht begeh- oder verstampfbar.

Um auch das Regen- oder Schichtenwasser aus der Teichgrube fernzuhalten, wird an der tiefsten Stelle ein Pumpensumpf (Loch mit Eimer oder Tonne) gegraben und darin eine Teichpumpe mit Schwimmerschalter aufgestellt. In Verbindung mit der schon erwähnten Tragschicht kann eine solche Vorkehrung das Teichgrundplanum, besonders bei größeren Anlagen mit längerer Bauzeit, auch über Tage und Wochen hinweg wasserfrei halten. Der Pumpensumpf wird nach Beendigung der Abdichtungsarbeiten wieder verfüllt, verdichtet und anschließend mit mehreren, einzeln zu verdichtenden Lagen Tonelementen verschlossen.

Der nächste entscheidende Schritt ist das Verstampfen der Teichbauelemente zu einer homogenen, wasserundurchlässigen Tonschicht. Dies sollte immer gleich dann geschehen, wenn ein Teilbereich fertig verlegt ist. Der Hersteller schreibt hier einen Vibrationsstampfer der Firma Wacker BS 45 Y vor. Das Gerät hat ein Eigengewicht von etwa 55 kg und 600 bis 800 Schläge pro Minute. Die Stampfer können beim Hersteller oder bei Baumaschinenvermietungen ausgeliehen werden.

Das Verstampfen muß in drei bis vier Durchgängen ausgeführt werden. Anhand der Stampfgeräusche läßt sich gut feststellen, ob eine homogene Tonschicht entstanden ist oder nicht. Optimal ist ein gleichmäßig, klatschendes oder knallendes Geräusch. Ein dumpfes, hohl klingendes Geräusch zeigt an, daß der Ton noch nicht ausreichend bearbeitet oder der Untergrund nicht ausreichend verdichtet ist.

Die fertiggestellten Flächen werden sofort mit einem Geotextilvlies (Polymer) und der erforderlichen Kies- oder Schotterauflast von 15 bis 20 cm Stärke, abgedeckt. Bei kleineren Anlagen bis zu 3000 m^2, ohne Beanspruchung und Belastung der Abdichtung durch Begehen, ist ein Geotextilvlies von 135 g/m^2 mit einer 15 bis 20 cm starken Kieslauflast (Körnung 8 bis 16 mm) absolut ausreichend.

Bei größeren Anlagen mit hoher Beanspruchung und Belastung der Abdichtung (z. B. im öffentlichen Bereich, bei Badeteichen, Bachläufen,

Pflanzenkläranlagen, Regenrückhaltebecken) sollte der Rat des Herstellers eingeholt werden. In solchen Fällen muß ein Geotextilvlies von mindestens 270 der 350 g/m^2, sowie eine 15 cm starke Auflastschicht aus Schotter oder Mineralgemisch (Körnung 2 bis 32 mm) aufgebracht werden. Diese Tragschicht wird dann mit einer Deckschicht aus Kies, Geröll oder Pflanzsubstrat überdeckt. Die Auflastschicht muß in korrekter Stärke auf der gesamten Fläche gleichmäßig aufgebracht werden. Besonders an den Teichrändern muß sie sorgfältig gearbeitet sein, weil hier die Gefahr der Austrocknung des Tons am größten ist. Das Auflastmaterial sollte möglichst kalkfrei sein. Kalkhaltiges Material hebt nur unnötig den pH-Wert des Teichwassers, was verbunden mit der sommerlichen Aufheizung, zu einem übermäßigen Algenwachstum führen würde. Die abschließende Pflanzung wird in Pflanzbehältern vorgenommen, die dann problemlos im Kies oder der Deckschicht versenkt werden können.

Teichbau mit Montmorillonit

Montmorillonit ist eine besondere Form von Tonmineralen und findet sich in unterschiedlich hohen Anteilen in Folien, die in Lagerstätten abgebaut werden. Chemisch gesehen ist Montmorillonit ein Aluminium-Silikat-Hydroxid. Das Naturprodukt wird als Pulver aufbereitet und in Säcken angeboten. Durch seine sehr hohe Wasserbindungskraft quillt eine 1 cm starke Schicht zu einer wasserundurchlässigen Schicht von 25 mm auf. Diese Eigenschaft macht das Mineral zu einem sehr geeigneten Teichbaumaterial, bei dem keinerlei »künstliche« Abdichtungsmaterialien benötigt werden. Zunächst wird das Teichprofil ausgehoben, wobei möglichst die Punkte aus vorausgegangenen Kapiteln zu beachten sind. Die Neigung der Teichwände darf auf keinen Fall größer als 1:3 sein, d.h. etwa 18 Grad. Besser ist eine geringe Neigung von 1:4 (etwa 14 Grad). Oberbodenschüttungen, große Steine (ab 2 cm Durchmesser), organische Bestandteile wie Holz, Pflanzen und Wurzeln sind vom Teichplanum zu entfernen. Bei der Modellierung des Teichprofils ist zu beachten, daß später eine etwa 20 bis 40 cm starke Schicht Auflastmaterial eingebracht werden muß. Dies bedeutet, daß das Profil von vornherein tiefer ausgehoben werden muß.

Ist das Teichgrundplanum hergestellt, besteht die wichtigste Aufgabe darin, den Untergrund zu verdichten. Optimal ist eine Proctordichte von 95%. Proctordichte ist der Wert für die Sicherheit gegen Erdsetzungen und damit gleichzeitig ein Maß für die Wasserundurchlässigkeit. Erreicht wird dies mit Hilfe einer Rüttelplatte oder besser noch mit einer Vibrationswalze. Bei Steigungen von 1:3 gerät der Einsatz dieser Maschinen allerdings an ihre Grenzen. Nach der Verdichtung werden die Säcke mit dem Teichbaumaterial (Montmorillonit) ausgelegt. Man beginnt 50 cm vom oberen Teichrand und legt alle 2 cm einen Sack aus. Die zweite Reihe legt man 2 m tiefer aus. Es hat sich als zweckmäßig erwiesen, die Säcke in Längsrichtung auszulegen und an den Stirnseiten zu öffnen. Ausgeschüttet werden sie in Richtung des nächsten Sacks. Mit Hilfe eines Gummischrubbers läßt sich nun das gleichmäßig verteilte Material sehr gut ausbreiten. Um die Arbeit zu ermöglichen, ist es extrem wichtig, daß das Planum völlig eben und frei von Steinen ist.

Angestrebt wird ein Auftrag von 1 cm Stärke. Stärker aufgebrachtes Material quillt zu sehr auf, verliert aufgrund der gelartigen Konsistenz an Belastungsfähigkeit und Stabilität, und macht den Teich an dieser Stelle undicht. Die aufgebrachte Schicht wird nun mit etwa 20 bis 40 cm steinfreiem Füllsand abgedeckt. Um die Pulverschicht nicht zu verletzten, sollte immer vom Teichboden zum Teichrand gearbeitet werden. Die Korngröße des Abdeckmaterials darf nicht größer als 20 mm sein. Beinhaltet die Abdeckschicht einem gewissen Anteil an Lehm oder Ton, wäre dies von Vorteil. Sollen trotzdem stärkere Steine verwendet werden, so bringt man zunächst eine dünne Sandschicht als Trennung auf. Um die Pulverschicht nicht zu beschädigen, sollte man zum Laufen beim Aufbringen der Abdeckschicht ein breites Brett in den Teich legen. Nur so kann gewährleistet werden, daß die Pulverschicht auch in ihrer Stärke von 1 cm erhalten bleibt. Hier liegt eine der größten Fehlerquellen bei dieser Bauweise.

Sobald die gesamte Fläche mit Abdeckmaterial ausgekleidet ist, wird diese wiederum intensiv verdichtet. Hierzu reicht eine nicht zu starke Rüttelplatte. Mehrere Durchgänge mit dem Rüttler sind notwendig, um die Proktordichte von 95% zu erreichen. Der Teich muß nun sofort geflutet werden. Hierbei ist aber sehr langsam vorzugehen, um Pulverschicht oder Abdeckmaterial nicht wegzuspülen. Am besten befestigt man das Ende des Schlauches in einem Eimer und stellt diesen in den tiefsten Punkt des Teiches, wobei der Eimerrand möglichst waagerecht sein muß.

40 kg des Pulvers reichen für eine Fläche von 4 bis 5 m². Auf einer Palette sind 25 Sack des Materials. Dies reicht für eine Abdichtungsfläche von etwa 110 m². Daraus ergibt sich z. B. eine Teichfläche von etwa 14 × 8 m, bei einer Tiefe von maximal 120 cm. Aufgrund des Böschungswinkels von 1:3 eignet sich der Bau mit Montmorillonit erst ab einer Teichgröße von etwa 50 bis 60 m².

Probleme mit dieser Teichbauweise kann es schon mal an den Teichrändern geben, wenn durch Wellenwirkung des Wassers die Abdeckschicht weggespült und die darunterliegende Pulverschicht nicht quillt oder austrocknet. Abhilfe kann hier geschaffen werden, indem die Abdeckung im Wellenschlagbereich mit einer zusätzlichen Grobbeschüttung versehen wird. Interessant ist, daß die Pulverschicht auch nach längerem Austrocknen sofort wieder aufquillt, wenn sie naß wird und damit den Teich wieder abdichtet. Ebenso verhält sich das Material bei Frost. Dieser Quellprozeß kann allerdings bis zu etlichen Tagen dauern, und mit zum Teil erheblichen Wasserverlusten muß in dieser Zeit gerechnet werden.

Das Motto »Viel hilft viel« ist bei der Verwendung von Montmorillonit grundlegend falsch. Im Gegenteil, es würde den Teich durch zu starkes Aufquellen von vornherein undicht machen. Auch schwere Steine oder Findlinge können durch die Punktbelastung die Abdichtung zerstören. Bei Regen oder feuchtem Untergrund darf das Montmorillonit nicht ausgebracht werden. Es würde schon vor dem Verdichten quellen und damit seine Wasserundurchlässigkeit verlieren.

Teichbau mit Bentonitmatten
Bentonit enthält Montmorillonit und hat ganz ähnliche Eigenschaften. In diesem Fall ist das Material zwischen zwei mechanisch vernadelten Spinnvliesstoffen eingekapselt. Dieser Vliesstoff besteht aus Polyester. Im gequollenen Zustand hat das Bentonit in Verbindung mit den Fasern eine zufriedenstellende Wasserundurchlässigkeit.

Der Teichbau mit diesem Material vollzieht sich nach ähnlichen Spielregeln wie mit reinem Montmorillonit. Der Neigungswinkel der Böschung sollte 1:3 nicht überschreiten und der Untergrund muß ebenfalls sehr gut verdichtet sein. Danach können die Matten aufgebracht werden. Die Bahnen müssen seitlich 10 bis 20 cm überlappen. Die Überlappung muß innen und außen mit einem Bentonitbrei satt eingestrichen werden. Anschließend wird der Stoß noch einmal mit einem 20 bis 30 cm breitem Streifen und Bentonitbrei überdeckt. Die Abdeckung erfolgt aus völlig steinfreiem, lehmhaltigen Kies- oder Füllboden, der ebenfalls intensiv verdichtet werden muß. Probleme mit dieser Teichbauart tauchen an den Rändern auf, meist durch Frosteinwirkung, Trockenheit und einer hohen Kapillarwirkung des Vlieses.

Eine zufriedenstellende Dichtigkeit kann nur bei bindigen, bedingt wasserdurchlässigen Böden erreicht werden. Ansonsten ist mit regelmäßigen Wasserverlusten zu rechnen.

Bentonitmatten finden heute Verwendung bei dem Bau großflächiger Biotope. Hier werden wechselnde Wasserstände gewünscht. So z. B. bei der Wiedervernässung von Auenlandschaften, für Gräben, Bäche, beim Bau von Deichen und Dämmen. Auch Deponien werden damit abgedeckt. Das Material ist leider nicht recyclingfähig und kann nur bedingt wiederverwendet werden. Ihr Einsatz wird erst bei einer Objektgröße von mindestens 1000 m^2 interessant.

Stimmen die technischen Voraussetzungen, so ist die Einbindung des Teiches in den Garten eine Frage der Pflanzenwahl. ▷

Großformatige Findlinge zur Randgestaltung.
Detail einer Randgestaltung mit Steinen. Bei scharfkantigen Steinen ist die Verwendung von Vlies zum Schutz der Abdeckung ratsam.
Der Übergang zur umliegenden Staudenfläche ist durch die Verwendung von Kieseln fließend. ▷

Folienteichen sollte ein Stück Folie zusätzlich unterlegt werden. Ferner muß darauf geachtet werden, daß nichts unter dem Stein liegt, was durch das Steingewicht durch die Folie gedrückt werden kann. Bei Teichen mit Abdichtungen aus Naturbaustoffen sollten große Steine nur im Randbereich eingebaut werden. Für Fertigteiche eignen sich große Steine und Findlinge nur im Außenrandbereich.

Von scharfkantigen und eckigen Steinen im Teich ist abzuraten, die Verletzungsgefahr für die Abdichtung ist zu groß. Im Handel gibt es eine Vielzahl von Steinmaterialien, die sich der Teichbauer in Gartenfachmärkten oder in Baustoffgroßhandlungen besorgen kann. Die Namensgebungen für Steine sind regional sehr unterschiedlich und sie geben gelegentlich Aufschluß über ihre Herkunft.

Kiesel werden nach Liter oder m^3 verkauft. Oftmals werden sie in wetterfesten Kunststoffsäcken in den unterschiedlichsten Größen angeboten. Größere Kiesel, Steine und Findlinge werden nach Gewicht verkauft. Natürlich kann man einen Findling auch messen und sich somit das Gewicht errechnen. Das durchschnittliche Volumengewicht von Findlingen liegt bei etwa 2,6 to pro m^3. Diese Berechnungsmethode ist aber recht ungenau. Auf Seite 101 steht eine kleine Auswahl von Steinmaßen mit ihrem Schätzgewicht. Die Tabelle zeigt, wie schnell das Gewicht zunimmt, wenn der Stein nur wenige Zentimeter größer ist.

Kieselarten

Als Kiesel ist Steinmaterial zu bezeichnen, das einen Durchmesser von 8 bis 200 mm aufweist. Dieses Material eignet sich in erster Linie zur Abdeckung der Teichabdichtung. Im Fachhandel werden diese Kiesel unter verschiedenen Namen in Säcken verpackt oder lose angeboten.

teurer. Sowohl Natursteinplatten als auch Pflasterzeilen aus Natursteinen eignen sich. Der Naturstein sollte keine geschliffene Oberfläche haben, die Gefahr, daß man auf einer feuchten Platte ausrutschen kann, ist sonst groß. Porphyr, Granit und Sandstein sind die wohl am häufigsten verwendeten Steinarten.

Für Pflasterzeilen eignen sich am besten Granit-, Basalt- oder Porphyr-Pflastersteine. Gelegentlich kommt man auch schon einmal an altes Katzenkopfpflaster heran, das früher für den Straßenbau verwendet wurde. Diese durch den Verkehr rundpolierten Steine wirken sehr dekorativ. In Gebiete, in denen es noch industrielle Metallverhüttungen gibt, kann man preisgünstig an Kupferschlackesteine gelangen. Diese Würfel, mit einer Kantenlänge von etwa 25 cm sehen farblich interessant aus und eignen sich für diesen Zweck bestens. Ein Rand aus Pflastersteinen braucht nicht breiter als rund 30 cm zu sein. Wird ein Überstand am Teichrand gewünscht,ist dies selbstverständlich nur mit Platten möglich.

Betonsteine und Klinker
Auch künstliche Steine aus Beton sind sehr zweckmäßig. Sie sehen täuschend echt aus in den Steinfarben Granit oder Sandstein und sie sind preiswerter als Naturstein. Zum Teil werden solche Randsteine aus Beton auch maßgerecht für Fertigteiche angeboten. Diese trapezförmigen Plat-

Mit jedem Material verändert sich die Wirkung: Holz, Kiesel, Betonplatten.

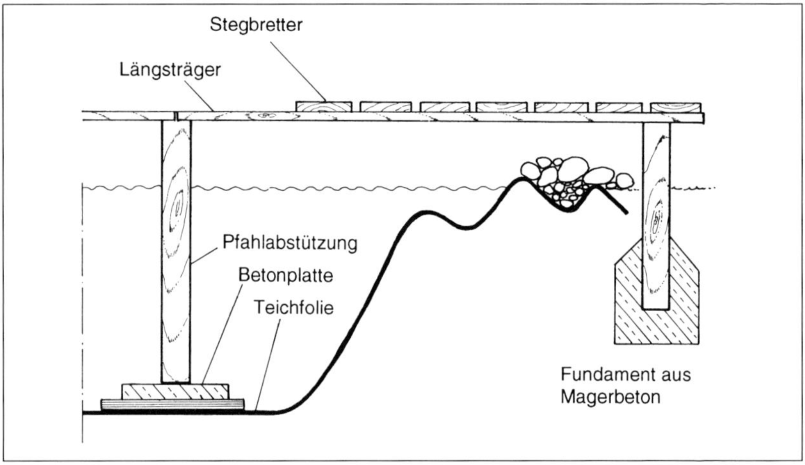

Die Standfläche von Stützpfählen muß durch Platten vergrößert werden. Zusätzlich wird die Abdichtung durch eine doppelte Folienunterlage oder Vliese geschützt.

Auch nicht imprägnierte Hölzer ausgewählter Art lassen sich zu diesem Zweck verwenden. Ihr Preis liegt meist wesentlich höher.

Stege

Stege sind Verlängerungen von Wegeführungen, die im Wasser enden. Die Schwierigkeit beim Bau besteht darin, daß nicht einfach eine Pfahlabstützung für den Steg im Wasser aufgebaut werden kann. Die Abdichtung des Teiches würde bei unsachgemäßem Einbau sofort Schaden nehmen, oder den Teich undicht machen. Die Pfahlabstützung eines Steges im Wasser muß mit ihrer Standfläche soweit vergrößert werden, daß sie auf der Oberfläche der Abdichtung keinen Schaden anrichten kann. Dies erreicht man relativ einfach durch dicke Teichfolienstücke, die als Unterlage für eine Betonplatte gelegt werden. Die Platte muß nicht größer als 50 cm^2 sein. Die Zeichnung verdeutlicht den Einbau. Eine wichtige Voraussetzung für diese Maßnahme ist natürlich, daß der Boden an dieser Stelle eben ist.

Stege können als Bausatz fertig gekauft werden. Ebenso lassen sie sich aber auch mit kesseldruckimprägniertem Holz aus einer Holzhandlung selber bauen. Der Grundaufbau besteht aus zwei Balken die 10 × 10 oder 12 × 12 cm stark sind. Je nach Steglänge werden dann, der Wassertiefe angepaßt, Kanthölzer der gleichen Stärke als Pfahlaufbau benötigt. Man rechnet mit einem Abstand von 100 bis 130 cm. Die Abdeckung der Tragebalken kann dann einfach mit Planken geschehen, oder aber mit Holzfliesen, die es in vielen Ausführungen und Maßen gibt. Wichtig ist, daß alle Teile intensiv mit möglichst umweltfreundlichen Holzschutzmitteln behandelt sind, um einem vorzeitigen Verrotten des Holzmaterials vorzubeugen.

Brücken
Etwas einfacher ist der Einbau einer Brücke, wenngleich hier ganz bestimmte Formen der Teichanlage eine Voraussetzung sind. Brücken überspannen die Wasseroberfläche von einem zum anderen Teichrand oder reichen vom Rand auf eine im Teich gebaute Insel. Gute Holzhandlungen und Firmen, die sich auf die Ausstattungen von besonderem Teichzubehör spezialisiert haben, vertreiben Brükken, die sich hierfür eignen. Vom Selbstbau ist eher abzuraten, da bestimmte statische Werte einzuhalten sind, die die Begehbarkeit entscheidend beeinflussen. Ferner ist die Auswahl der angebotenen Modelle so groß, daß fast kein Wunsch offen bleibt. Viele Firmen sind zudem bereit, auch Sondermaße anzufertigen. Um die Lebensdauer und vor allem auch die Sicherheit solch einer Brücke zu gewährleisten ist es unbedingt nötig, die Enden der Brücke auf einem kleinen Betonlager aufzusetzen. Leicht gebogene Brücken, mit oder ohne Geländer, wirken dekorativer, als nur einfache gerade Flächen. Diese Betonlager müssen nicht sehr breit sein, sollten aber unbedingt bis auf eine Frosttiefe von 80 cm angelegt sein.

Schmalere Partien, wie zum Beispiel an Bachläufen, lassen sich recht einfach und wirkungsvoll mit größeren

Besonders reizvoll ist ein Gartenpfad mit integrierter Brücke.

Größe und Form von Brücken sollten sich dem Teich und dem Gartenstil anpassen.

Steinplatten überbrücken. Parallel gelegte Granitstelen oder breite Holzbalken sind ebenso geeignet.

Holzdecks

Fertige Holzdecks sind kaum im Handel, dafür sind sie relativ einfach zu bauen. Das Grundmaterial sind wiederum Kanthölzer 10 × 10 oder 12 × 12. Damit das Balkenmaterial nicht direkt auf dem Boden aufliegt und schnell faulen kann, legt man im Abstand von 1 m kleine frostsichere Punktfundamente an, auf denen das Balkenmaterial befestigt wird. Werden in den Punktfundamenten gleichzeitig Gewindestangen eingelassen, kann das Balkenmaterial problemlos auf den Fundamenten befestigt werden. Zum Abdecken eignen sich dann wieder die im Holzhandel mannigfaltig angebotenen Holzfliesen oder einfach starke Bretter, die ein problemloses Begehen der Holzfläche ermöglichen. Auch eine Kombination aus Sitzdeck und Steg ist ohne weiteres möglich, wenn der Unterbau soweit verankert ist, daß er einen Überhang auf die Wasseroberfläche aus statischen Gründen erlaubt. Die Oberfläche des Holzdecks sollte mit Spalten versehen sein, so daß Regenwasser ablaufen kann. Der Abstand dieser Spalten muß so eng sein, daß die Füße von Gartenmöbeln nicht durchrutschen.

Bewegtes Wasser

Wasser in Bewegung bringt Leben in den Teich. Mit relativ geringen technischem Aufwand können Veränderungen, die Wasser bewegen, auch noch zu einem späteren Zeitpunkt, wenn der Teich schon lange fertiggestellt ist, verwirklicht werden. Neben einem starken optischen Effekt ist bewegtes Wasser auch zusätzlich noch für die Gesunderhaltung des Teiches maßgebend verantwortlich. Durch die Wasserbewegung gelangen große Mengen Sauerstoff in den Teich. Auf der anderen Seite nehmen viele Pflanzen, z. B. auch Seerosen, zu stark bewegtes Wasser übel. Der Fantasie, wie man das Wasser am Teich in Bewegung setzen kann, sind keinerlei Grenzen gesetzt. Auch ist bewegtes Wasser an keine Größe eines Teiches gebunden, es wirkt immer. Selbst ein winziges Becken, auf dem nur ein Sprudelstein sitzt, erzielt in Verbindung mit einer geschickten Bepflanzung seine volle Wirkung.

Sprudelsteine und Mühlräder

Auf noch so engem Raum, am besten in unmittelbarer Nähe der Terrasse, kann ein Becken mit einem Sprudelstein oder Mühlrad geplant werden.

◁ *Um Wasser in Bewegung zu setzen bedarf es einiger Technik.*

Unten: Mehr zur Repräsentation dienen solche Anlagen.

Aus bautechnischen Gründen wird ein quadratisches Teichbecken aus GFK-Material oder PVC verwendet. Im Handel werden komplette Anlagen angeboten, die es auch als runde Form gibt. Beim Selbstbau kann auf Fertigbecken auch gänzlich verzichtet werden. An Stelle eines Fertigbeckens werden Rasenkantensteine 100 × 30 × 8 im Boden eingegraben und dann mit Teichfolie ausgekleidet. Die Rasenkantensteine werden mit Hilfe einer Wasserwaage verlegt, damit die Ränder auch in Waage sind.

Um das so geschaffene Becken abzudichten, sollte die Folie über den oberen Rand der Rasenkantensteine gezogen und im Boden vergraben werden. Auf den Rand der Rasenkantensteine wird ein Gitterrost gelegt, den man nach Maß im Eisenwarenhandel erhält. Dieser Rost sollte mit einer Öffnung versehen werden, die es ermöglicht an die Pumpe zu gelangen, ohne den gesamten Aufbau entfernen zu müssen.

Damit die Folienhaut nicht durch das Gewicht des Rostes und der Steinabdeckung verletzt wird, sollte eine weitere Lage Folie auf die Oberkante der Randsteine gelegt werden. Ein grobes Vlies wird als nächster Arbeitsgang über den Rost gelegt. Es verhindert, daß später Laub und Schmutz in das Becken fällt und die Pumpe verstopft. Jetzt kann der Sprudelstein oder das Mühlrad auf den Rost gesetzt werden, nachdem zuvor die Pumpe und der Schlauch installiert wurden.

Sprudelsteine sind kleinere Findlinge bis zu einer Größe von 50 cm im Durchmesser. Am besten wirken bunte Steine, z. B. Konglomeratgestein, die ihre ganze Schönheit erst entwickeln, wenn sie naß sind. Kaufen kann man solche Steine in Gartenfachmärkten oder bei Baustoffhändlern. Nicht immer ist gerade der Stein, den man auswählt auch gebohrt. Dies übernimmt ein Steinmetz gegen eine Kostenberechnung von etwa 3.– DM pro cm Bohrung. Je nach Größe des Steines sollte die Bohrung ½" bis ¾" stark sein. Der Schlauch, der dann durch diese Bohrung geführt wird, darf so gut wie kein Spiel haben. Ist er der Bohrung nicht angepaßt, läuft zu viel Wasser in die Bohrung zurück und erreicht nicht die Steinoberfläche. Durch eine Kronenbohrung im Stein ergibt sich die Möglichkeit eine Schaumdüse zu installieren. Eine Kronenbohrung ist eine Erweiterung im oberen Bereich des Bohrkanals, die ein Steinmetz mit einem Spezialwerkzeug ausführt.

Der Stein oder das Mühlrad muß in seiner Größe zum Rost passen. Ist der Rost zu klein, läuft man Gefahr, daß das Becken durch Spritzwasser ständig geleert wird. Den Rost deckt man mit flachen, bunten Kieselsteinen der Größe 150 bis 300 mm ab. Hierdurch ist die Technik nicht mehr sichtbar. Im Handel sind zu diesem Wasserbereich eine ganze Reihe von Modellen, bei denen die künstlichen Mühlräder versenkt im Becken eingepaßt sind, oder wo auch zwei Mühlräder übereinander sitzen. Der Einbau eines solchen Bausatzes erweist sich einfacher als der Eigenbau solch einer Anlage. Ihre

Sprudelstein aus einem Findling.

einem Wasserinhalt von 3000 l darf der Bachlauf eine Länge von 15 m aufweisen. Die ist allerdings nur ein Richtwert und er bezieht sich auf eine Bachbreite von 25 bis 50 cm. Die Länge von 15 m scheint auf den ersten Blick sehr groß zu sein. Bedenke man hier jedoch, daß der Verlauf des Baches sich gewunden durch den Garten schlängelt oder in Kurven um den Teich herum verläuft. Planen kann man den Bachlauf mit Hilfe eines Gartenschlauches, wie wir es schon bei der Formfestlegung des Teiches kennen. Ein Bachlauf ist übrigens ein ideales Verbindungsstück zwischen einem oder mehreren Teichen im Garten. Der Gestaltung sind hier keinerlei Grenzen gesetzt.

Die Bachbettabdichtung ist am einfachsten mit Teichfolie zu bewerkstelligen. Hierzu sollte man bei seinem Folienlieferanten nachfragen, ob nicht Folienreste von Rollenware vorhanden ist, die man zumeist preiswert erstehen kann. Die Folie sollte eine Breite von 150 bis 250 cm haben. In der Längsrichtung kann sie nach den bereits beschriebenen Methoden in beliebiger Länge zusammengesetzt werden.

Natürlich kann ein Bachlauf auch aus anderen Materialien entstehen. Ton und Beton, sowie Glasfasermatte mit Polyesterharz bieten sich an, doch sind sie für diesen Zweck sehr arbeitsintensiv. Nicht zuletzt werden auf dem Markt auch viele Fertigteile für Wasserläufe angeboten. Sie wirken wegen ihren gleichmäßigen Bau sehr künstlich. Nur durch eine sehr geschickte Randbepflanzung kann dies kaschiert werden. Neben den optischen Reizen eines Bachlaufs ergibt sich gleichzeitig auch noch Nutzen. Der Bachlauf ist

Alte Tröge dienen hier als Quelle für einen Bachlauf.

Materialien für den Bau eines Bachlaufs

1. Teichfolienreste oder Fertigteile
2. Quellschweißmittel oder Heißluftfön
3. Unterbaumaterial für Stufen (Schotter und Magerbeton)
4. Kies (7–25 mm)
5. Oberrheinkiesel (50–125 mm)
6. runde Ziersteine unterschiedlichster Größe
7. Stauden, Gräser und Farne

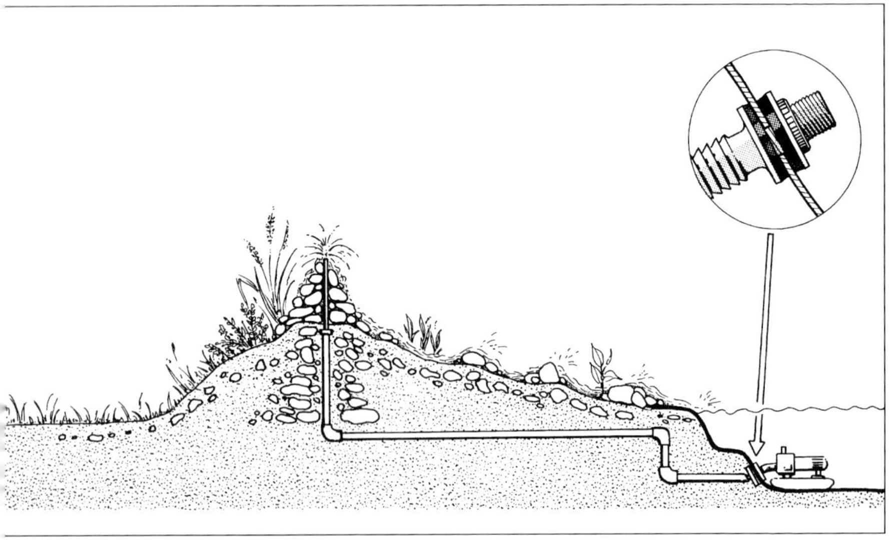

Rohrführung für einen kleinen Bachlauf.

ein magischer Anziehungspunkt für zahlreiche Tierarten, wie Frösche, Kröten, Molche, Libellen oder Schmetterlinge. Ferner hat er, je nach Länge, eine gute Filterwirkung für den Teich und er bringt zusätzlich Sauerstoff in das Wasser.

Ein interessant gestaltetes Bachbett sollte mit Stufen in unregelmäßigen Abständen und verschiedenen Höhen ausgestattet sein. Dies wird sehr einfach erreicht durch den Einbau von senkrecht aufgestellten Betonrandsteinen oder kleineren Platten. Ebensogut sind größere, kantige Steine. Für den optischen Eindruck ist von Bedeutung, daß der Bachlauf so geplant ist, daß er aus mehreren kleinen Tümpeln oder Pfützen besteht und nicht nur aus einem gerade verlaufenden Bett. Diese Miniwasserflächen sind dann auch geflutet, wenn die Pumpe des Bachlaufes einmal nicht in Betrieb ist.

Nachdem der Verlauf des Bachbeetes festgelegt ist, werden die gewünschten Stufen von Stufe zu Stufe eingemessen und festgelegt. Die Stufenhöhe muß nicht mehr als 20 bis 30 cm betragen. Man rechnet mit einem Abstand von 1 bis 2 m zwischen den Stufen. Ist ein Garten absolut eben, was selten der Fall ist, nimmt man das Erdmaterial vom Aushub des Teiches, um ein Gefälle zu erhalten.

Der nächste Schritt ist das Ausheben des Bachbettes. Dies klingt dramatischer als es ist. Eine Tiefe von 20 bis 30 cm reicht vollkommen aus. Die Flächen unterhalb der Stufen werden als Minitümpel ausgeformt. Eine Schüttung von 5 cm gewaschenem Sand dient als Auskleidung und ermöglicht eine rundliche Ausformung.

Die Wasserversorgung des Bachlaufes geschieht mit einem Pumpenspiralschlauch, der unmittelbar neben dem Bach verlegt ist und einer Pumpe, die im Tiefbereich des Teiches sitzt. Der Schlauch sollte so im Boden eingegraben sein, daß man jederzeit an ihn heran kann, ohne das Teichbett gleich zu zerstören. Die Pumpe ist besser ein wenig überdimensioniert als zu schwach. Ein fast trockenes Bachbett ist sicherlich nicht die Vorstellung eines Teichbesitzers. Näheres zu den Leistungen einer Pumpe ab Seite 127.

Ist der Verlauf des Baches sehr gewunden, so sollte der Schlauch auf möglichst direktem Weg zum Anfang des Baches verlegt werden. Unnötig viele Windungen führen zu einem hohen Druckverlust bei der Fördermenge der Pumpe. Den Kopf eines Bachlaufes kann ein kleiner gebohrter Findling sein. Dekorativer wirkt eine kleine Steinschüttung aus der das Wasser wie aus einer Quelle sprudelt.

Auf die vorbereitete Fläche kommt nun die Abdichtung. Bei Teichfolie ist es am einfachsten die Stücke auszulegen und dann passend in den Rundungen und Windungen des Bachlaufs zusammenzuschweißen. Zu lange, gerade Stücke passen schlecht in den Kurvenverlauf und würden zu einer sehr starken Faltenbildung führen.

Das Eingraben der Folie geschieht nach den Regeln des Baus eines Folienteiches. Die Kapillarsperre ist anzuraten, der Wasserverlust ist sonst zu hoch. Sobald der Folienrand eingegraben ist, kann mit der Dekoration des Bachbetts begonnen werden. Mit einer dünnen Schicht Kies (7 bis 25 mm) wird die Oberfläche der Abdichtung abgedeckt, bis sie nicht mehr sichtbar ist

Bachbett mit Kieseln gestaltet.

Als weiteres dekoratives Element kommen nun auf diesen Kies dickere Kiesel in der Größe 50 bis 125 mm. Am besten wirkt hier wieder der bunte Oberrheinkies. Den Abschluß bilden dann größere Steine oder Bachfindlinge bis zu einer Größe von 30 bis 35 cm. Sie werden rechts und links am Bach plaziert. Als kleine Gruppe auch einmal im Bett selbst, sorgen sie für kleine Wirbel und Strudel. Eckiges, kantiges Steinmaterial wirkt im Bachlauf künstlich und birgt zudem die Gefahr in sich, die Abdichtung zu verletzen

Zwischen den größeren Steinen und am Rand selbst wirken Sumpfpflanzen, wie Sumpfdotterblume, Sumpfprimel, Zwergbinsen, Pfennigkraut sowie Gräser und Farne am besten.

Durch das ständig feuchte Umfeld und einem gewissen Mikroklima wächst hier eine Vielzahl von Pflanzen sehr gut. Schon innerhalb einer Vegetationsperiode ist der Rand des Bachlaufs vollkommen verwachsen. Moose und Flechten tun ihr übriges und verleihen ihm ein natürliches Aussehen.

Der Bau eines Wasserfalls

Ein Wasserfall ist wesentlich kürzer und vor allem auch steiler angelegt als ein Bachlauf. Sein Bau sollte von den Gegebenheiten des Geländes und der Lage des Teiches abhängig gemacht werden. Am dekorativsten wirkt er in Mauerecken oder auf Inseln im Teich selbst. Auch die Erdmassen, die vom Aushub des Teiches übrig geblieben sind, sind eine ideale Möglichkeit für den Bau eines Wasserfalls. Eine Höhe von 100 bis 150 cm ist durchaus ausreichend. Entscheidend ist, daß der Wasserfall in möglichst vielen Stufen angelegt ist und am Fuß nochmals eine Stufe hat, die etwa 30 cm über dem Wasserspiegel liegt. Die sprudelnde Bewegung des Wassers macht den Wasserfall erst reizvoll. Eine Seerose wird diese Wasserbewegung eher übel nehmen.

Als Baumaterial gibt es sehr viele unterschiedliche Baustoffe. Neben Fertigteilen zum Bau eines Wasserfalls aus GFK-Material kann praktisch alles verwendet werden, mit dem sich Stufen bauen lassen. Am natürlichsten wirken Steinplatten aus Sandgestein, die wegen ihrer geringen Härte sehr leicht bearbeitet werden können. Baut man seinen Wasserfall aus Natursteinen, so ist es zweckmäßig, sich den gegebenen Steinvorkommen seiner Wohngegend anzupassen. Sie wirken selbstverständlicher und sind meist preiswerter am Ort zu erhalten. Kalksteinplatten sind am wenigsten geeignet. Der Abrieb des Steinmaterials führt zu einem erhöhten pH-Wert des Wassers.

Um Wasserverlust durch den Betrieb des Wasserfalls zu vermeiden, ist eine Abdichtung mit Folie oder einem anderen Abdichtungsmaterial unterhalb der Steinplatten einzubauen. Der erste Arbeitsgang besteht darin, Stufen in das Erdreich zu graben, in dem der Wasserfall untergebracht wird. Wenn immer möglich, sollten hierbei zwei Dinge berücksichtigt werden. Auch ein Wasserfall wirkt entschieden gefälliger, wenn er in Kurven angelegt ist. Zweitens erzielt man eine besondere Wirkung, wenn vor jeder Stufe eine kleine Ausbuchtung gestaltet ist. In Verbindung mit einer großzügig ausgelegten Unterwasserpumpe fördert der Wasserfall dann genügend Wasser. Durch das spritzende und zerstäubende Wasser bildet sich rund um den Wasserfall ein ideales Mikroklima, das sich besonders positiv auf Teich- und Teichrandbepflanzung auswirkt.

Materialien für den Bau eines Wasserfalls

Folienreste
Kanthölzer, Schwellen
Plattenförmige Steine
Quellschweißmittel
Spiralschlauch
Wasserfallpumpe mit Anschlüssen
Kiesel und Dekorationssteine
Magerbeton
Gesiebter Sand
Wasserwaage und Maurerkelle

Wasser tropft über einen Stein in den Teich. Weniger ist oft mehr.

Je höher ein Wasserfall gebaut wird, desto bedeutender sind die Vorarbeiten, die dafür geleistet werden müssen. Ist er länger und höher als 2 m, so ist es ratsam, die einzelnen Stufen mit Randsteinplatten oder ähnlichem Material einzeln abzufangen. Eine gründliche Bodenverdichtung im Bett des Wasserfalls ist in jedem Fall anzuraten. Gegebenenfalls wird zusätzlich eine etwa 30 cm dicke Schicht Mineralbeton eingebaut und mit einem Handstampfer oder einer Rüttelplatte intensiv verfestigt.

Ist die Form festgelegt und ausgehoben, wird sie abgedichtet. Am einfachsten geht das mit Teichfolie. Die geringsten Probleme ergeben sich, wenn beim Teichbau auch Folie verwendet wurde. In diesem Fall wird einfach die Unterlegfolie des Wasserfalls an die Teichfolie angeschweißt oder mit PVC-Kleber verklebt. Bei anderen Folien reicht unter Umständen eine großzügige Überlappung in den Teich hinein. Um Wasserverlusten vorzubeugen ist es wichtig, daß die Folie muldenförmig im Wasserfallbett liegt

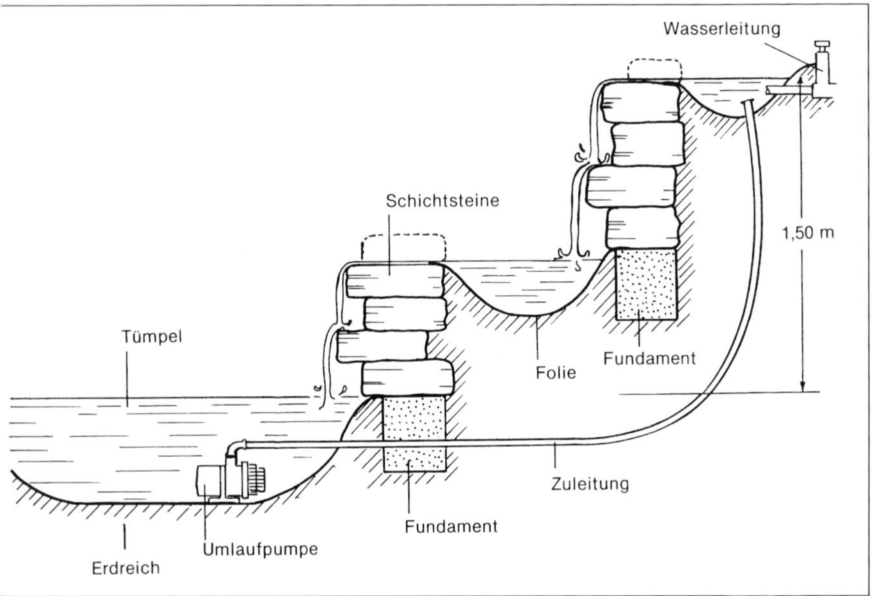

Sehr aufwendig wird diese Lösung durch die notwendige Fundamentierung der zwei Stufen.

und an den Rändern so eingegraben ist, daß die Kapillarwirkung des Bodens unterbunden ist. Am wirkungsvollsten ist ein Wasserfall, wenn er nach diesen vorbereitenden Arbeiten mit Kieseln und Steinen bis hin zum Findling, dekoriert wird. Die Folie darf hinterher nicht mehr sichtbar sein.

Ebenso interessant läßt sich der Wasserfall mit Steinplatten gestalten. Sind diese sehr groß und schwer, ist es ratsam, sie in Beton zu verlegen. In Beton verlegte Wasserfallplatten müssen über ein frostsicheres Fundament mit 80 cm Tiefe verfügen. Verzichtet man darauf, das Fundament in diese Tiefe zu führen, kann ein kalter Winter den Wasserfall bereits zerstören. Auf eine schützende Folie im Unterbereich kann in diesem Fall verzichtet werden. Zum Bau sollte Spezialbeton verwendet werden, der von vornherein die gemauerten Stellen wasserdicht macht. Diese Zusatzstoffe gibt es im Baufachhandel.

Die Speisung des Wasserfalls erfolgt über eine Unterwasserpumpe, die mit einem Schlauch verbunden wird, der im oberen Bereich unter einem flachen Stein versteckt liegt. Unter diesem Stein quillt dann das Wasser heraus, was wie eine natürliche Quelle wirkt. Natürlich kann dort auch ein Quellstein sitzen. Ebenso dekorativ wirkt ein alter Sandsteintrog, aus dem das Wasser in den Wasserfall läuft.

Die Pumpe sollte eher zu stark sein, man kann sie notfalls drosseln, nichts wirkt trauriger als ein müdes Rinnsal, das einen Wasserfall darstellen soll.

Die Minimalanforderung an eine Pumpe liegt für einen Wasserfall von 1 m Höhe bei 30 bis 35 l(min. Der Schlauch, der das Wasser transportiert, muß auf dem kürzesten Weg nach oben führen um Reibungsverlust zu unterbinden. Damit man notfalls auch einmal an dem Schlauch arbeiten kann, sollte er niemals unter dem Wasserfallbett liegen, sondern immer daneben. Eine entsprechende Bepflanzung, die viel Feuchtigkeit verträgt und gleichzeitig nicht so stark wächst, daß der Wasserfall sofort zuwuchert, rundet den Bau ab.

Berechnungsbeispiel für eine Wasserfallanlage

Die ausgewählte Pumpe hat eine Fördermenge Q von 120 l/min. Die Tauchtiefe der Pumpe beträgt 50 cm. Die gewünschte Förderhöhe ist 2.50 m. Bei einer Bachlaufbreite von 70 cm kommen an der Wasserfallquelle von 65 l an, wobei die Speisung mit einer 1 1/2" Zuleitung erfolgen muß.

Technische Einrichtungen am Teich

Der Fachhandel bietet hierzu eine Vielzahl von Geräten und Apparaturen an, die Wasser in Bewegung setzen, den Teich oder das Wasserspiel optisch verschönern und interessanter machen und Dinge, die dem Teichbesitzer die Arbeit erleichtern. Das Angebot ist so groß, daß sie nur über eine gute Beratung im Fachhandel gekauft werden sollten. Sehr schnell wird sonst Material gekauft, das den Ansprüchen hinterher nicht entspricht. Handelt es sich um Geräte, die mit Strom betrieben werden, sollte beim Kauf Wert auf Sicherheit gelegt werden. Dies drückt sich durch Prüfplaketten des TÜV oder dem GS Zeichen aus.

Teichpumpen

Pumpen im Gartenteich bringen das Wasser in Bewegung. Ihr Einsatz ist sehr vielfältig. Er reicht vom kleinen Wasserspeier, über die Fontäne, bis hin zum Bachlauf. Für jeden Bedarf ist ein passendes Pumpenmodell auf dem Markt. Technisch gesehen ähneln sich die einzelnen Modelle der verschiedenen Hersteller sehr stark, lediglich die Leistungen der einzelnen Geräte können sehr unterschiedlich sein. Von der Bauart kommen im Grunde genommen nur zwei Pumpenarten in Frage: Magnetkernpumpen (Kleinpumpen-Bereich) und sogenannte Kreiselpumpen.

Magnetkernpumpen bestehen aus einem wasserdichten, kunststoffver-

Strom und Wasser – Sicherheit am Teich

Am sichersten ist in jedem Fall der Einsatz von Niederspannungsanlagen (12 V, 24 V). Transformatoren sorgen bereits an der Steckdose und weitab vom Teich für gefahrlosen Strom. Pumpen und Leuchten sind daraufhinaus anzulegen. Solarstrom arbeitet immer in diesem Bereich.

Werden an einer Teich- oder Wasseranlage ein oder mehrere 220 V Stromanschlüsse benötigt, ist die Anschaffung eines Schutzschalters dringend anzuraten. Diese Schutzschalter sind spritzwassergeschützte Steckdosen, die zusätzlich einen sehr sensiblen FI-Schalter mit einem Nennfehlerstrom von 30 mA haben. Bei der geringsten Fehlerstrommeldung springt diese Sicherung raus und schaltet die gesamte Anlage ab. Diese Art von Schalter gibt es auch als Einzelgerät, das einfach zwischen Steckdose und dem Elektrogerät eingesteckt wird. Bei Auslösung durch eine Fehlerstrommeldung schaltet das Gerät in weniger als 30 m/sek ab.

Die in Kunststoff vergossenen und spritzwassergeschützten elektrischen Geräte haben eine TÜV-Zulassung für die Verwendung im Freien.

gossenem Gehäuse, in dem die Wicklung untergebracht ist. Der Anker besteht aus einem kleinen, zylinderförmigen Magnet, der an einem Quirl befestigt ist. Diese Teile sind auf einer Achse im Pumpengehäuse gelagert. Sobald die Pumpe mit Strom versorgt wird, beginnt sich der Quirl zu drehen und fördert Wasser. Diese Pumpenart eignet sich in einem Gartenteich zum Betreiben von kleineren Wasserspeiern. Ihre Leistung schwankt je nach Größe zwischen 6 und 24 l/min. Der technische Fachbegriff für Pumpen dieser Baureihe ist Synchronmotorpumpe.

Kreiselpumpen hingegen bestehen aus einem wasserdichten Elektromotor, der eine unterschiedlich große Scheibe mit Schaufeln antreibt, die das Wasser fördert. Die Fördermenge ist abhängig von der Laufgeschwindigkeit und der Menge und Breite der angebrachten Schaufeln.

Diese Pumpen gibt es mit den unterschiedlichsten Leistungen. Sie reichen von 30 bis 300 l/min. Dies bedeutet eine Stundenleistungen von 1.8 bis 18 m^3. Techniker nennen diese Pumpenmotoren auch Kurzschlußläufer oder Asynchronmotoren.

Beim Kauf einer Pumpe ist es eher zweckmäßig, eine größere als eine zu kleine zu kaufen. In den meisten Fällen liegen die Pumpen im Wasser und vertragen ohne weiteres eine Drosselung, die in Form einer Schlauchquetsche angebracht wird. Ferner erlaubt eine »zu große Pumpe« nachträgliche, zusätzliche Installationen. Die Kreiselpumpen, die man auch als Naßläufer bezeichnet, haben ein sehr feines Nadel-Keramik Lager. Gelangen in dieses Lager nur geringe Teile von Schmutz, setzt es sich fest. Die Pumpe schafft es nicht, nach längerer Trockenlagerung im Winter, aus eigenem Antrieb anzulaufen und brennt sehr schnell

Auch Pumpen brauchen Pflege

Pumpen jeder Bauart sollten unter allen Umständen im Winter aus dem Teich entfernt und fachgerecht eingelagert werden.

Frieren Pumpen im Winter im Teich ein, kann das Pumpengehäuse platzen, was zu einem Totalausfall führt. Schläuche und Zuleitungen müssen im Winter nicht entleert oder ausgebaut werden, weil der Wasserstand ohne Betreiben der Pumpe sich auf den Wasserstand im Teich einpendelt.

Die richtige Lagerung einer Teichpumpe erfolgt in einem mit Wasser gefüllten Eimer, der im Keller aufbewahrt werden soll. Werden Pumpen »trocken« gelagert, trocknen die feinen Lager ein und backen fest. Wird eine »falsch« gelagerte Pumpe im Frühjahr dann wieder in den Teich gesetzt, schafft sie es nicht, wieder von selbst anzulaufen. Die Folge davon, sie brennt innerhalb weniger Minuten durch, was zu sehr teuren Reparaturen führt. Es versteht sich von selbst, vor der Einlagerung der Pumpe, den Vorfilter zu entfernen und die Pumpe gründlich unter fließendem Wasser durchspülen. Vor einem erneuten Einsatz im Frühjahr sollte man sich mit dem Finger von der Freiläufigkeit des Schaufelrades überzeugen. Bei sachgemäßer Einwinterung hat eine Teichpumpe eine sehr hohe Lebensdauer.

durch. Die Folge ist eine teure Reparatur. Es gibt noch zwei weitere wichtige Hinweise, die für den Einbau von Pumpen wichtig sind. Kreiselpumpen haben bei fast allen Modellen am äußeren Gehäuse einen Ring oder eine Bohrung angebracht, an der eine Kette befestigt werden kann. Hiervon sollte der Teichbesitzer unbedingt Gebrauch machen. Eine Pumpe darf unter keinen Umständen am Kabel aus dem Wasser gezogen werden. Bei der Installation einer Pumpe ist darauf zu achten, daß sie niemals direkt auf dem Teichboden steht. Sie würde hier nur unnötig rasch verschmutzen und sofort in der Leistung nachlassen.

Universalpumpen

Universalpumpen für den Teichbereich zählen meist zu den leistungsstärkeren Geräten mit einer Leistung ab 50 l/min. Der Name Universal drückt aus, daß diese Pumpenart als Unterwasserpumpe oder aber auch neben dem Teich, außerhalb des Wassers, betrieben werden kann. Die Verwendung von Pumpen dieser Art ist immer dann sinnvoll, wenn es Schwierigkeiten bereitet im Teich die Pumpe zu erreichen. Da diese Arten von Pumpen prinzipiell nicht selbstansaugend sind, sind beim Einbau ein paar Dinge zu beachten. Es ist zweckmäßig in unmittelbarer Teichnähe einen kleinen Schacht zu mauern, der mindestens 100% unter dem eigentlichen Wasserniveau des Teiches liegen muß. Der Schacht sollte auch einen Boden haben, auf dem die Pumpe sauber stehen kann. Nach Entfernen des Vorfilters an der Pumpe kann mit Hilfe eines Adapters ein Schlauch (mindestens 1") angeschlossen werden. Das andere Ende des Schlauches kommt in den Teich, wobei hier auch ein Anschluß in einer mittleren Wassertiefe von 40 bis 50 cm anzustreben ist. Bei

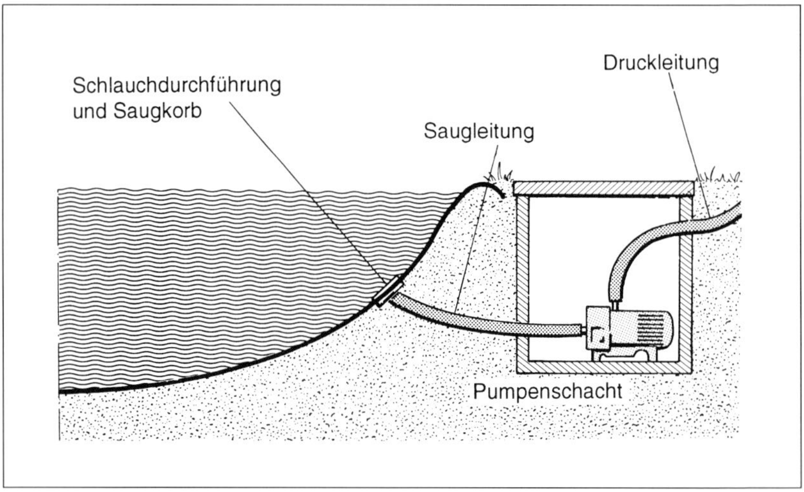

Universalpumpen können in einem Schacht neben dem Teich betrieben werden. Hier ist die Wartung sehr viel einfacher.

allen Teichbaumaterialien, außer solchen, die aus Naturbaustoffen gebaut wurden, ist dieser Anschluß mit Hilfe von verschraubbaren PVC-Rohren möglich. Wird der Anschluß so geplant, daß er im Teichinneren auch noch mit einer Gewindemuffe endet, kann hier noch ein Kleinfilter angeschlossen werden. Die Zeichnung erläutert die etwas komplizierte Erklärung. Durch den Wasserdruck des Schlauches gelangt soviel Wasser auf das Schaufelrad der Pumpe, daß diese mit der vollen Leistung arbeiten kann. Der Vorteil bei einer Installation außerhalb des Teiches ist, daß man jederzeit an die Pumpe gelangt, ohne sie aus dem Wasser ziehen zu müssen.

Unterwasserpumpen
Wie der Name bereits verrät, handelt es sich hierbei um Geräte, die ausschließlich im Wasser betrieben werden dürfen. Für Magnetkernpumpen und Kreiselpumpen, die ausdrücklich als solche Geräte ausgewiesen sind, trifft dies zu. Werden solche Geräte unsachgemäß eingesetzt, d. h. im »Trockenen« installiert, brennen sie innerhalb kürzester Zeit durch. Beim Kauf einer Pumpe ist ein klärendes Gespräch mit einem Fachberater unentbehrlich. Ist das nicht möglich, dann sollte zumindest die Anleitung zur Pumpe genau durchgelesen werden.

Eine Unterwasserpumpe kann ihren Betrieb mit voller Leistung auch schon in ganz geringer Wassertiefe aufnehmen. Meist reicht es bereits, wenn die Pumpe gerade mit Wasser bedeckt ist. Von einer Installation in dieser Wassertiefe ist aber eher abzuraten. Zu schnell kann der Wasserspiegel einmal soweit absinken, daß die Pumpe trocken läuft. Wird dies nicht gleich bemerkt, kann die Pumpe schon nach einer Stunde Laufzeit im Trockenen zerstört sein. Gelegentlich haben diese Pumpen einen Schwimmschalter, der sich aber nirgendwo verfangen darf, um einwandfrei zu funktionieren. Die ideale Wassertiefe liegt bei 40 bis 60 cm. Es sollte, wie bereits erwähnt, immer darauf geachtet werden, die Pumpe nicht direkt auf dem Teichboden abzustellen. Ein umgedrehter Containertopf oder ein Hohlblockstein geben den notwendigen Abstand und verhindern das sofortige Ansaugen von Schmutzteilen, die in großen Mengen auf dem Teichboden vorkommen. Einen weiteren Schutz bildet ein mit zusätzlichen Löchern versehener PVC-Topf, in den die Pumpe gestellt wird. Verschließt man den Topf im oberen Bereich auch noch mit einem nichtrostenden Fliegengitter, kommt man mit einem Minimum an Wartung der Teichpumpe aus.

Sauerstoffpumpen
Mangel an Sauerstoff im Teich tritt in den Wintermonaten auf, wenn Eis auf dem Teich ist und im Sommer bei großer Hitze. Für die Wasserqualität und damit für Pflanzen und Tiere ist Sauerstoffmangel ein großes Problem, für das Sauerstoffpumpen eine Lösung bieten. Bei einer Sauerstoffpumpe handelt es sich um Pumpen kleinerer Bauart.

Die bekannteste unter den Sauerstoffpumpen ist eine Membranpumpe, die Luft über einen Kunststoffschlauch bläst, an dessen Ende sich ein poröser Keramikstein befindet, aus dem die Luft entweicht. Hierdurch werden größere Mengen Sauerstoff in das Wasser eingebracht. Diese

Maßnahme ist aber nur dann sinnvoll, wenn der Keramikstein möglichst tief in das Teichinnere gelangt. Der Einsatz einer Membranpumpe ist besonders zu empfehlen, wenn der Teich mit einer Eisschicht verschlossen ist.

Damit ein gewisser Luftraum zwischen Eisschicht und Wasser steht, sollte, ein Loch in das Eis gehackt und Wasser entnommen werden. Ohne diesen Hohlraum ist der Einsatz einer Membranpumpe nicht sinnvoll. Nachteilig ist die Tatsache, daß Pumpen dieser Art meist nur über sehr kurze Kabelanschlüsse verfügen.

Eine andere Sauerstoffpumpe ist eine normale Unterwasserpumpe, die mit einem Zusatzgerät und einem Schwimmer verbunden ist. Sobald die Pumpe eingeschaltet wird, zieht das Zusatzgerät über den Schwimmer und einen Tubus Luft an. Durch dieses Unterdruckverfahren wird stark sprudelndes Wasser mit einem hohen Luftanteil im Wasser verteilt. Da es sich bei diesem Gerät um eine Unterwasserpumpe handelt, kann sie nur im Sommer betrieben werden.

Solarpumpen

Der Einsatzbereich einer Solarpumpe ist praktisch unbegrenzt. Sie kommt all denen Gartenliebhabern zugute, die an ihrem Teich keinen Stromanschluß haben. Ein weiterer Vorteil liegt darin, daß bei Solarstrom keinerlei Sicherheitsrisiko vorliegt. Stromkosten zum Betreiben der Pumpe entfallen. Nachteilig ist der noch recht hohe Preis, wie für alle Dinge, die mit Solarstrom betrieben werden.

Zum Lieferumfang einer solchen Anlage gehören eine Spezialpumpe und das Solarmodul mit den dazugehörenden Anschlüssen. Die Pumpen haben im allgemeinen eine Literleistung von 30 bis 80 l min. Ein Modul hat die Nennspannung von 12 Volt, schaltet man ein weiteres Modul hinzu erhöht sich die Voltzahl auf 24 Volt. Eine Parallelschaltung erhöht die Wattzahl und vergrößert dadurch die Leistungsaufnahme der Pumpe. Gute Module sind bereits so empfindlich, daß bereits zwei Zellen davon ausreichen, auch bei wolkenverhangenem Himmel die Pumpe zu betrieben. Es versteht sich von selbst, daß die Module an einem möglichst sonnigen Platz aufgestellt sein müssen. Mit den Modulen können natürlich auch andere Niedervoltanlagen wie Lampen betrieben werden.

Die Nennspannung eines Einzelmoduls liegt bei 12 Volt. Sie haben eine Leistungsabgabe von 40 Watt. Im allgemeinen haben sie eine Temperaturbeständigkeit von –50 bis +90 °C. Die Solarspringbrunnenpumpe darf unter keinen Umständen an die normale Stromversorgung angeschlossen werden.

Sicherheit durch Niedervoltspannung

Durch einen Transformator können manche Pumpen auch mit Niedervoltspannung von 12 bis 24 Volt betrieben werden. Die Leistung dieser Pumpen beträgt immerhin zwischen 15 und 60 l/min. Der kleine, zumeist in Kunststoff vergossene Transformator muß an einem trockenen Platz am Strom angeschlossen werden, eine spezielle Steckverbindung mit einem ausreichend langen Kabel sorgt für Energie. Die Anschaffung einer solchen Pumpe ist für Familien mit kleinen Kindern sinnvoll und für all diejenigen, die nicht mit Strom am Wasser hantieren möchten.

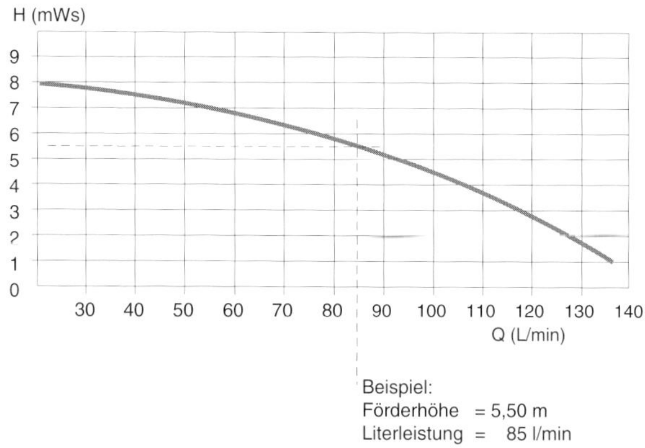

An der Kennlinie einer Pumpe kann ihre Leistung abgelesen werden. Ihr optimaler Einsatzbereich liegt immer in der Mitte der Kennlinie.

Leistungsdiagramme für Pumpen

Bei den meisten Herstellern von Teichpumpen befinden sich Angaben zur Leistung einer Pumpe auf der Verpakkung. Besonders hilfreich sind diese Angaben in Verbindung mit einer Pumpenkennlinie, aus der das Verhältnis der Fördermenge zur Förderhöhe ablesbar ist. Eine einfache Angabe in Literleistung ist wenig sinnvoll. Je höher eine Pumpe das Wasser fördern muß, desto geringer wird die Leistung. Gelegentlich findet man auch den Begriff »Wassersäule« vor. Auch hiermit kann man wenig anfangen. Eine Wassersäule von 3.50 m besagt, daß die Pumpe maximal bis zu dieser Höhe Wasser fördern kann, allerdings sinkt die Fördermenge gegen Null.

Auf einem Leistungsdiagramm sind auf der linken Seite Angaben zur Förderhöhe (H) und im unteren Bereich Angaben zur Literleistung. Eine bogenförmige Kurve verbindet diese beiden Zahlen. Die Kurve beginnt an der maximalen Fördermenge (l) der Pumpe (das ist auf Höhe O) und endet an der für die Pumpe maßgebenden Wassersäule (Q). Geht man nun waagrecht von der Meterzahl aus, die die Pumpe das Wasser in die Höhe fördern muß, erreicht man auf der Kurve einen Punkt. Wird dieser senkrecht nach unten verbunden, kann die tatsächliche Leistung in Litern abgelesen werden. Den Punkt auf der Kurve bezeichnet man auch als Betriebspunkt.

Um die benötigte Wassermenge für einen Wasserfall oder Bachlauf zu berechnen, kann man die Zahlen aus der nachfolgenden Tabelle verwenden. Die Tiefe, in der die Pumpe im Teich installiert ist, muß hinzugerechnet werden. Im Zweifelsfall ist es immer besser eine Pumpe einzusetzen, deren Fördermenge größer als die benötigte ist. Die Leistung einer Pumpe kann

Pumpenleistungstabelle

Fördermenge Q = L/min	Förderhöhe H = m.WS	Wassermenge bezogen auf H	mögliche Bachlaufbreite	Durchmesser der Druckleitung
30 l	1 m	24 l	bis 15 cm	¾" bis 1"
30 l	2 m	18 l	bis 15 cm	¾" bis 1"
50 l	1 m	40 l	bis 20 cm	¾" bis 1"
50 l	2 m	28 l	bis 20 cm	¾" bis 1"
65 l	1 m	50 l	bis 40 cm	1 ¼" bis 1 ½"
65 l	2 m	38 l	bis 40 cm	1 ¼" bis 1 ½"
85 l	1 m	70 l	bis 40 cm	1 ¼" bis 1 ½"
85 l	2 m	55 l	bis 40 cm	1 ¼" bis 1 ½"
85 l	3 m	40 l	bis 40 cm	1 ¼" bis 1 ½"
120 l	1 m	100 l	bis 70 cm	1 ½" bis 2"
120 l	3 m	65 l	bis 70 cm	1 ½" bis 2"
120 l	6 m	45 l	bis 40 cm	1 ¼" bis 1 ½"
300 l	1 m	260 l	bis 100 cm	2" bis 2 ½"
300 l	3 m	230 l	bis 100 cm	2" bis 2 ½"
300 l	6 m	120 l	bis 70 cm	1 ½" bis 2"

Diese Angaben sind eine Zusammenstellung verschiedener Pumpenlieferanten. Fertigungstoleranzen bei Pumpen sind zu berücksichtigen. Außerdem muß ein Druckverlust von 0,4 m.WS bei den angegebenen Höhen abgerechnet werden.

Fördermenge (Q = 1/min) ist die Menge Wasser, die die Pumpe auf der Höhe O ohne Anschlüsse tatsächlich fördert.
Förderhöhe (H = m.WS, Höhe m Wassersäule) ist die gewünschte Höhe eines Wasserfalls oder Bachlaufs, den die Pumpe fördern soll.
Fördermenge bezogen auf H m.WS ist die Menge Wasser, die in der gewünschten Höhe noch ankommt.
Mögliche Wasserfall- oder Bachlaufbreite: die vorausgegangenen Daten der Pumpenleistung ermöglichen nur ganz bestimmte Bachlauf- oder Wasserfallbreiten.
Durchmesser der Druckleitung: um die gewünschte Wassermenge von der Pumpe bis zur Bachlaufquelle zu fördern, sind Mindestquerschnitte erforderlich (z. B. 50 l/min, 1 ½" etc.)

Verschraubbare Anschlüsse gibt es für Fertigbecken und Folienteiche. ▷

gedrosselt, aber niemals erhöht werden.

Beim Bau eines Bachlaufs ist insbesondere der Reibungsverlust des Schlauchs zu beachten, der sich durch den mehr oder weniger langen Weg der Zuleitung ergibt. Man beachte, je dünner der Schlauch ist, desto höher ist gleichzeitig der Druckverlust. Die Speisung eines Bachlaufs mit einer Länge von etwa 10 m mit einem Schlauch unter 1″ ist nicht angebracht.

Pumpen für den Außenbereich müssen laut TÜV ein Kabel von 10 m aufweisen. Hochwertige Pumpen sind unabhängig vom Fabrikat inzwischen so gut gebaut, daß die Hersteller eine 3jährige Garantie auf ihre Produkte geben. Sollte eine Pumpe einmal nicht mehr laufen, gibt man sie beim Fachhändler ab, der sie einschickt. Oftmals ist es möglich, bis zum Ablauf der Reparatur eine Ersatzpumpe zu erhalten. Unter keinen Umständen sollte an der Pumpe selbst hantiert werden.

Pumpenanschlüsse und Zubehör

Jedes Pumpenfabrikat hat sein eigenes Zubehör und selten passen diese Teile untereinander. Es handelt sich hierbei um Schlauchanschlüsse, Verlängerungen, Übergangsstücke, Verteiler und vieles mehr. Zunächst einmal muß unterschieden werden zwischen Fein- und Normalgewinden. All diese Teile können bauseits auf den Ausflußstutzen der Pumpe aufgeschraubt werden und übernehmen dann die verschiedensten Funktionen. Viele dieser Teile sind aus Hart-PVC hergestellt. Sind die Pumpenanschlüsse und Zubehörteile nicht aus Kunststoff, so sollte man unbedingt auf Edelstahl oder verchromte Messing- oder Bronzeteile ausweichen. Nicht verchromte Anschlußteile aus Kupfer, Messing oder Bronze oxydieren und geben Giftstoffe an das Wasser ab, die schädliche Nebenwirkungen auf Tiere und Pflanzen haben. Ein Kupferrohr als Wasserspeier reicht be-

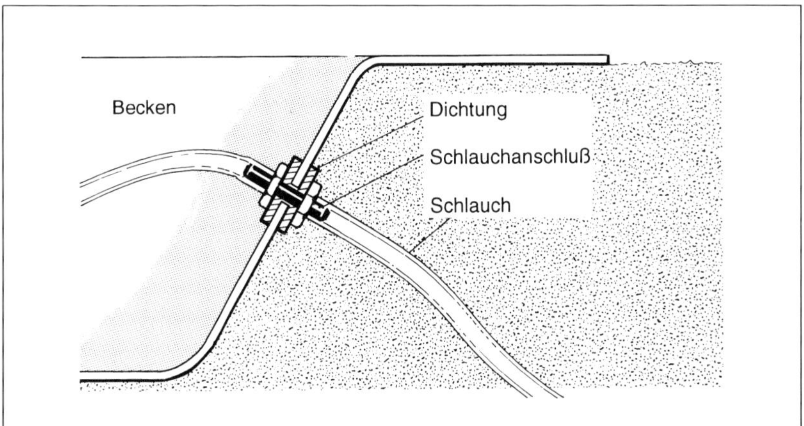

reits aus, um innerhalb kürzester Zeit den Gehalt an Kupfer im Wasser soweit zu erhöhen, daß Anreicherungen über 0,3 mg/l auftreten. Gegebenenfalls können erhöhte Kupferkonzentrationen mit geeigneten Chemikalien, die im Fachhandel erhältlich sind, gebunden werden.

Ebensowenig sollten blanke Eisenteile im Wasser eingesetzt werden, da diese sehr schnell rosten und unansehnlich werden. Oxydierte Rohrverbindungen zu lösen ist oftmals nur mit einem kompletten Ausbau möglich. Der Kauf dieser Teile setzt bei nicht ausreichender Sachkenntnis eine intensive Beratung voraus, denn das Angebot hierzu ist einfach zu umfassend.

Düsenverlängerungen sind Kunststoffrohre mit einem Gewindeteil, der in die Pumpe paßt. Am anderen Ende befindet sich eine Muffe mit Innengewinde, die das Einsetzen einer Düse oder ähnlichem erlaubt. Es gibt sie in 1″ und ½″. Man benötigt sie, um mit einer Wasserdüse bis über die Wasseroberfläche zu gelangen.

Durchflußregler ermöglichen einen stufenlosen, geregelten Wasserdurchfluß und eignen sich für den Einsatz von Wasserspeiern und Fontänen. Erhältlich ist er in allen gängigen Größen. Die Wasserdurchflußmenge wird durch Öffnen oder Schließen einer Stellschraube geregelt.

Gewindemuffen sind aus Kunststoff oder Metall und haben zwei gleichgroße Innengewinde. Mit ihnen lassen sich weitere Bauteile verbinden.

Gewindewinkelstücke benötigt man immer dann, wenn Schläuche durch Wandungen geführt werden oder wenn eine Pumpeninstallation nur durch starkes Abknicken des Schlauches möglich ist. Diese Teile verfügen über jeweils ein Innen- und ein Außengewinde, diese können auch unterschiedlich groß sein.

Schlauchanschlüsse sind die wohl wichtigsten Teile beim Pumpenzubehör überhaupt. Es gibt sie mit allen Verschraubungen, die auf die Pumpe passen. Darüber hinaus dann mit den unterschiedlichen Tüllen für die Schlauchbefestigung von ¼″ bis 1 ½″.

Übergangsgewindestücke werden immer dann benötigt, wenn es darauf ankommt, einen Durchmesser zu vergrößern, oder zu reduzieren. Zum Erweitern wird ein Teil mit großem Innen- und kleinem Außengewinde benötigt, beim Verringern umgekehrt. Diese Teile sind in den unterschiedlichen Zollabmessungen erhältlich. Metallstücken ist wegen der relativ großen Belastung dieser Teile wiederum der Vorzug zu geben.

Verteiler ermöglichen mit zumeist 5 Anschlüssen den Anschluß von mehreren Schläuchen unter Wasser, direkt an der Pumpe. Die Pumpenanschlüsse und Abgänge sind in unterschiedlichen Größen lieferbar. Nicht benötigte Abgänge werden mit einer Plastikkappe verschlossen. Dieses Teil wird immer dann benötigt, wenn neben einer Fontäne auch noch ein oder mehrere Wasserspeier angeschlossen werden. Die Pumpe muß über eine ausreichend hohe Leistung verfügen.

Kugelgelenke sind Bauteile, die benötigt werden, um z. B. eine Fontäne im Wasser genau zu justieren. Sie wird

Die wichtigsten Pumpenzubehörteile	
Art	Funktion
Düsenverlängerung	Verlängerung von Pumpe zur Düse
Pumpenregler	Druckregulierung am Pumpenabgang
Durchflußregler	stufenlose Druckregulierung
Verteilerkopf	Verteiler mit 5 Anschlüssen
Druckleitungsabzweig	Anschlußmöglichkeit für Zusatzfunktionen (Wasserspeier etc.)
Gewindemuffe	Verbindungsmöglichkeit von Rohren
Übergangsgewinde	Verbindung mit Innen- oder Außengewinde
Gewindereduzierung	Reduzierung des Leitungsdurchmessers mit Innen- und Außengewinde
Gewindewinkel	Rechtwinkeliger Pumpenabzweig
Schlauchanschluß	Verbindungen von Pumpe zu Schlauch
Schlauchklemmen	Befestigung von Schläuchen an Verbindungsstücken
Wanddurchführung	Wasserdichte Schraubverbindung für Fertigbecken

Alle vorgenannten Teile gibt es untereinander passend in den verschiedensten Größen. Die Größenangaben sind fast ausschließlich in Zoll angegeben.

immer dann benötigt, wenn die Pumpe auf dem Untergrund nicht 100%ig gerade steht. Bei einer Fontäne, die mehrere Meter hoch spritzt, gibt es schon bei wenigen cm sehr starke Abweichungen. Mit dem stufenlos einstellbaren Kugelgelenk kann hier sehr einfach Abhilfe geschaffen werden.

Wasserspeier

Wasserspeier sind Plastiken, zumeist in der Form von Tieren. Es gibt sie aus Kunststoff, Stein, Keramik, Ton, Schamott oder aber auch aus Metall, wie Bronze oder Eisen. Keramik, Ton und Terracottateile sollten im Winter im Keller gelagert werden. Sie neigen bei Frost, durch Ablagerung von Feuchtigkeit zum Platzen. Wertvollere Wasserspeier aus Bronze sollten aus Sicherheitsgründen auf schweren Steinplatten oder Sockeln befestigt werden. Fast immer gehören zu solch einer Plastik Gewindestangen, die ein derartiges Befestigen erlauben. Wenn die Figur nicht hohl ist, dann verfügt sie über eine Bohrung, in der ein dünner Schlauch untergebracht ist. Dieser Schlauch darf bei der Montage nicht abknicken. Zum Betreiben eines Wasserspeiers reicht eine sehr kleine Pumpe mit einer Literleistung ab 8 l/min. Die Zuleitungen zu den Speiern haben meist nur einen Innendurchmesser von 4 bis 5 mm. Will man nicht extra eine Pumpe dafür einsetzen, so kann auf einen Anschluß am Verteiler zurückgegriffen werden.

Neben optischen Reizen bringt ein Wasserspeier Sauerstoff und Bewegung in das Wasser, wodurch die Wasserqualität verbessert wird.

Fontänen, Düsen und Sprudler
Der Einsatz von Fontänen in einem Gartenteich ist nicht nur ausschließlich eine Frage des Geschmacks. Die meist sehr starke Wasserbewegung schränkt Fauna und Flora sehr ein. Wasserspiele in unzähligen Variationen können äußerst reizvoll wirken, nur muß die Bauart des Teiches, oder nennen wir es besser Wasserbeckens, dementsprechend abgestimmt sein. Als Material wird für diese Geräte Kunststoff oder Bronze, Edelstahl und Messing verwendet. Fontänen können je nach Bauart mehrere hundert Mark kosten. Sie sind als niedrige Wasserspiele, wie Wasserglocke, Wasserkelch oder Schaumsprudler auf dem Markt. Ebenso beliebt sind mehrstufige Fontänen und sich drehende Pirouetten. Es gibt auch elektronisch gesteuerte Anlagen, die in einer Art Reihenschaltung unterschiedliche Wasserbilder produzieren. Der Fantasie und dem persönlichen Geschmack sind hier keine Grenzen gesetzt. Hat man sich für ein Wasserspiel entschieden, so

Fontäne im Gartenteich.

Formen von bekannten Wasserdüsen

Art	Wasserform
Schaumdüse	schaumartig
Wasserglocke	schirmglockenartig
Pirouette	mehrstrahlig, drehend
Fontänenstern	mehrstrahlig, drehend, veränderbar
Schwallsprudler	flach, schaumartig
Königslilie	blütenförmig
Wasserkelch	kelchförmiger Aufbau
Vulkandüsen	mehrstrahlig, veränderbar

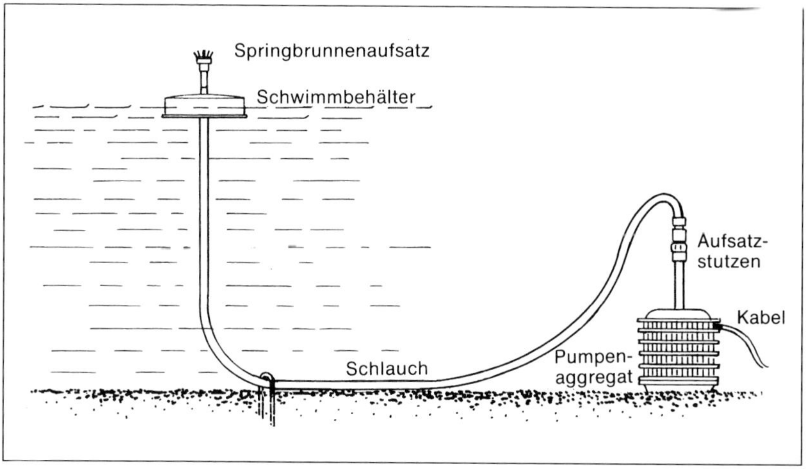

Schwimmender Springbrunnenaufsatz.

muß man dafür auch den entsprechenden Platz haben. Jedes Wasserspiel hat in Verbindung mit der Pumpenleistung einen bestimmten Durchmesser. Richtwerte hierzu geben die einzelnen Fabrikanten an. Hat eine Fontäne einen Sprengdurchmesser von 140 cm, so wird ein Becken von 250 cm benötigt. Wird ein kleineres Becken verwendet, läuft man Gefahr, daß bei leisestem Windstoß große Mengen Wasser aus dem Becken abtreiben. Unter Umständen hilft auch noch der Einsatz der nächst kleineren Pumpe.

Schläuche

Schläuche gibt es in den unterschiedlichsten Durchmessern. Für den Teichbau kommen in erster Linie Spiralschläuche und Weich-PVC Schläuche in Betracht. Spiralschläuche gibt es von $^3/_4$″ bis 1 $^1/_2$″ im Durchmesser. Sie haben eine verdeckte Hart-PVC-Spirale eingebaut. Hierdurch wird ein Abknicken des Schlauches verhindert. Man verwendet diese Schlauchart für die Speisung von Bachläufen, Wasserfällen oder für Quellsteine und große Fontänenanlagen. Diese Schlauchart kann problemlos im Erdboden vergraben werden, die Spirale verhindert ein Zusammenquetschen des Materials. Alle gängigen Anschlüsse passen auf den Schlauch. Um ein Abrutschen dieser Anschlüsse zu verhindern, sollten sie mit Nirosta-Schlauchklemmen befestigt werden. Andere Schlauchklemmen rosten innerhalb kürzester Zeit durch. Je nach Wandstärke des Schlauchmaterials kann es passieren, daß das Anschlußteil nur schwer in den Schlauch paßt. Man hält das Ende des Schlauches nur kurz in sehr heißes Wasser und schon läßt es sich problemlos befestigen.

Im Teich selbst werden vorzugsweise PVC-Klarsichtschläuche eingesetzt. Sie haben den Vorteil, daß sie im Wasser, Dank ihrer Transparenz,

Wasserglocke.

nahezu unsichtbar sind. Sie sind erhältlich von wenigen mm Durchmesser bis hin zu 1 ½". Ihre Flexibilität ist von der Wandstärke abhängig. Wer ganz sicher gehen will, kann den gleichen Schlauch auch mit einer Gewebeeinlage aus Polyester-Kreuzfaden bekommen. Im allgemeinen wird aber im Teichpumpenbereich nicht mit so hohem Druck gearbeitet, daß dies nötig wird. Die Druckbeständigkeit der normalen Weich-PVC-Schläuche beträgt 3 bis 5 bar. Passend für diese Schlauchart gibt es wiederum alle Anschlüsse, die einer Norm unterliegen. Die Temperaturbeständigkeit wird bei fast allen Herstellern mit –10 bis +50 Grad angegeben.

In den Klarsichtschläuchen lagern sich nach einer gewissen Betriebszeit gerne Algen ab. Dünne Schläuche können davon sogar rasch verstopfen. Da sie nicht besonders teuer in der Anschaffung sind, sollten sie dann ausgetauscht werden. Stärkere Schläuche ab einem Durchmesser von einem ¾" schließt man am besten im Teich mit einer Schraubverbindung an und läßt sie nicht über den Teichrand laufen. Freiliegende Schläuche sehen zum einen nicht gut aus, zum anderen ist ihre Lebensdauer eingeschränkt, wenn sie der Sonne ausgesetzt sind. Schraubverbindungen mit großen Kunststoff-Beilagscheiben können in allen »künstlichen« Teichabdichtungen befestigt werden. Sie ermöglichen ferner ein problemloses Einholen der Pumpe für die Wintermonate. Der Anschluß muß dann lediglich mit einem Gewindestopfen verschlossen werden (siehe Zeichnung S. 129).

Kabeldurchführungen und Unterwasserkabelverbinder
Möchte man die Kabelzuleitungen für Pumpen oder Scheinwerfer im Teichbereich unsichtbar machen, ist dies bei Fertigbecken mit vorgefertigten wasserdichten Kabeldurchführungen möglich. Mit einem Lochfräser wird ein entsprechend großes Loch in die Wandung gefräst, in der die Kabeldurchführung sitzen soll. Nachdem das Kabel eingeführt ist, wird die Durchführung fest verschraubt. Die innenliegende Gummidichtung sorgt für festen und wasserdichten Sitz. Eine Kabeldurchführung ist immer dann sinnvoll, wenn die Stromzuleitung fest im Boden eingegraben ist. Passend zu diesem Gerät muß auch noch eine Unterwasserklemmvorrichtung mit eingebaut werden. Dieses Gerät besteht aus einem mit Gummimanschetten versehenen Kunststoffrohr. Ist das Kabel miteinander verbunden, wird durch Verschrauben eine einfache, aber sichere Kabelverbindung hergestellt. Durch einfaches Öffnen kann diese Verbindung wieder gelöst werden, z. B. immer dann, wenn die Pumpe oder ein anderes Elektrogerät aus dem Wasser genommen wird. Ist man sich nicht ganz sicher mit kleineren Montagen aus dem Elektrobereich, dann sollte man einen Elektriker zu Rate ziehen. Noch praktischer sind große, wasserdichte Unterwasserklemmverbinder mit einem Glasdeckel. Diese Geräte sind durch Spezialdichtungen absolut sicher und geben die Möglichkeit, gleichzeitig mehrere Anschlüsse einzusetzen. Hierdurch wird ein unnötiges Kabelgewirr am Teichboden vermieden. Man benötigt eine Zuleitung, der Rest wird von dem Verbindungsteil im Wasser abgezweigt.

Pumpenstativ
Wie es der Name schon sagt, handelt es sich hierbei um ein Stativ, auf dem eine Teichpumpe befestigt wird. Das Stativ besteht zumeist aus drei Beinen, dessen unteres Ende mit runden Gummistopfen versehen ist, damit die Teichabdichtung nicht verletzt wird. Die Pumpe wird unter einer großen Metallplatte festgeschraubt und ist so etwa 30 bis 35 cm vom Teichboden entfernt. Die Befestigungsschraube endet in einem Anschlußteil, auf den entweder eine Schlauchverbindung, oder auch ein Fontänenaufsatz paßt. Die Beine des Stativs sind mittels Stellschrauben einzeln in ihrer Höhe verstellbar. Hierdurch ist gewährleistet, daß das Gerät auch auf geneigtem Boden eben steht. Der Kauf eines Pumpenstativs ist sinnvoll, wenn die Pumpe fast ausschließlich für Fontänen benutzt wird.

Teichfilter

Ob ein Teichfilter wirklich notwendig ist, muß jeder Teichbesitzer letztlich selbst entscheiden. Will er Kois züchten, muß er ständig glasklares Wasser haben, denn das fordern diese Tiere. Auf der anderen Seite ist ein Gartenteich kein Aquarium und ein wenig Trübung und Algen gehören nun einmal dazu. Ferner spielen die richtige Bauweise eines Teiches, der entsprechende Wasserpflanzengürtel und der richtige Einsatz von Fischen eine bedeutende Rolle. Ein winziger, flacher Tümpel mit wenig Pflanzen und vielen Goldfischen, wird auch durch Filterung kaum klar.

Das Angebot an Teichfiltern ist sehr groß und unübersichtlich. Zu klein ausgelegte Filter machen wenig Freude, weil sie ständig zugesetzt sind und ihre Filterwirkung verlieren. Nur durch regelmäßiges Reinigen kann die Filterwirkung aufrechterhalten werden. Vor dem Kauf einer Filteranlage müssen zwei Dinge geklärt werden. Was will ich mit dem Filter erreichen und wieviel Wasser ist im Teich. Von ihrer Arbeitsweise her unterscheidet man zwei Typen von Filtern. Mechanische Filter und biologische Filter. Beide Filtertypen müssen nicht unbedingt im Teich selbst betrieben werden. Ein externer Einbau in Teichrandnähe ist bei vielen Modellen möglich. Zu einer jeden Filteranlage wird eine Pumpe benötigt, die das Teichwasser ansaugt, durch den Filter drückt und dann gefiltert wieder in den Teich abgibt. Die beste Filterwirkung wird durch mechanische und biologische Filterung erreicht. Viele der im Handel angebotenen Modelle haben diese Kombination.

Teichpumpen verfügen im allgemeinen über einen sogenannten Vorfilter, der verhindert, daß grobe Schmutzteile von der Pumpe direkt angesaugt werden. Man sollte diese häufig reinigen, weil ansonsten die Pumpenleistung schnell nachläßt.

Modulfilter

Modulfilter werden mit Kleinpumpen betrieben und eignen sich für Teiche mit einem Wasserinhalt bis 8 m^3. Wie der Name dieses Filters bereits ausdrückt, kann das Gerät mit weiteren Filterelementen aufgerüstet werden. Die einzelnen Module bestehen aus einem Kunststoffrahmen oder einer Kunststoffkassette, in der Schaumstoffilter eingelegt sind. Für rasche, mechanische Filterung werden Feinfilter eingesetzt. Zur biologischen Filterung benützt man grobe Filtermatten aus Schaumstoff. Durch die Erweiterungsmöglichkeit eines Modulfilters sind beide Filterungsarten gleichzeitig möglich. Eine biologische Filterung ist aber nur dann gegeben, wenn der Filter im Dauerbetrieb läuft. Näheres hierzu im nächsten Kapitel.

Die Modulteile des Filters können bequem von der Pumpe abgekoppelt und unter fließendem Wasser gereinigt werden. Mittels einer Steckverbindung sitzen sie direkt am Ansaugstutzen der Pumpe. Je mehr Module aufgesteckt sind, desto größer ist die Filterwirkung. Der Einsatz von Modulfiltern ist am sinnvollsten für kleine bis mittlere Springbrunnenanlagen, bei denen die Düse unmittelbar an der Pumpe angeschlossen ist. Für große Teichanlagen mit einem Wasser Inhalt von mehr als 8 m^3 sind sie ungeeignet. Sollte während des Betriebs einmal eines der Module durch Ver-

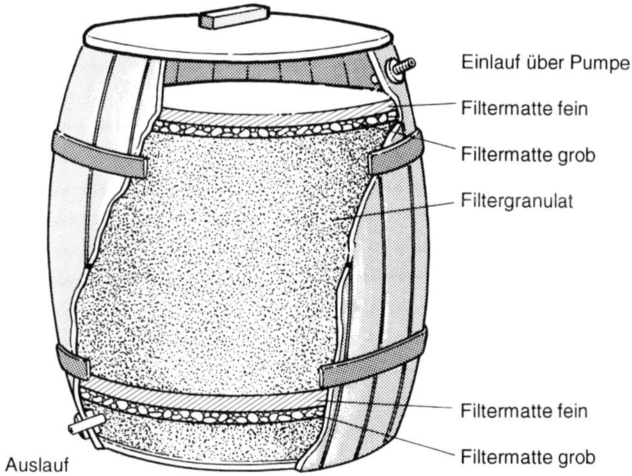

Einen Teichfilter kann man aus einem Maischefaß auch selbst bauen.

schmutzung ausfallen, wird die Filterleistung der anderen Module weiterhin gewährleistet.

Granulatfilter

Diese zumeist tonnenförmigen Filteranlagen sind für Teiche mit größerem Wasservolumen ausgelegt. Ihr Einsatz ist sinnvoll bei Anlagen über 10 m^3 Wasserinhalt. Der Filter hat am Einlaufstutzen eine Schaumstoffeinlage, in der sich gröbere Schmutzteile fangen. Die eigentliche Filterung erfolgt auf biologische Weise mit Hilfe von Mikroorganismen, die sich in dem Granulat ansiedeln und die unerwünschten Schwebeteilchen und Algen zersetzen. Je nach Filtergröße ist die Pumpe direkt am Filterkörper angebaut, oder aber separat über ein Schlauchsystem angeschlossen. Die Pumpengröße ist abhängig vom Filterkörper und dessen Inhalt an Filtermasse. Keinesfalls darf die Pumpe zu groß gewählt werden. Im allgemeinen reicht eine Literleistung von 40 bis 60 l/min.

Dies entspricht einer Stundenleistung von 2400 bis 3600 Liter. Ein Teich mit 8 m^3, also 8000 Liter würde alle 2 bis 3 Std. einmal komplett durchgefiltert. Höhere Pumpenleistungen führen automatisch zu einem erhöhten Druck und bringen das Filtergehäuse zum Platzen. Außerdem wäre nicht gewährleistet, daß sich durch die erhöhte Fließgeschwindigkeit des Wassers ausreichend Mikroorganismen im Filterinneren ansiedeln können. Nachteilig wirkt sich aus, daß diese ziemlich großen Geräte im Gartenteich wenig attraktiv wirken. Es gibt jedoch Firmen, die dazu übergegangen sind, ihre Filterkörper zu verkleiden. Recht gelungen und dazu auch noch funktionell ist eine Verkleidung in Form eines Sprudelsteins, unter der die Filtereinheit versteckt ist.

Bei größeren Filteranlagen ist es durchaus sinnvoll, den eigentlichen Filterkörper in einem Schacht neben der Teichanlage unterzubringen. Hier kann er auf einfachste Art auf den Grad seiner Verschmutzung untersucht werden, ohne mühevolle Bergung aus dem Teich. Jeder, der schon einmal einen schweren mit Granulat gefüllten Filter aus einem Teich geholt hat, der zudem auch noch glitschig ist, wird dies bestätigen.

Wer die Kosten für einen Filter scheut, kann sich diesen auch selber mit Hilfe eines verschließbaren Kunststoffbehälter bauen. Ein geeignetes Gefäß ist ein Behälter mit Deckel, der mit einem Bajonettverschluß versehen ist. Diese Faßart wird hauptsächlich als Maischefaß verwendet. Die Umgestaltung als Teichfilter erfordert allerdings ein wenig handwerkliches Geschick, was man bei einem Teichbauer aber ohnehin voraussetzt. Eine Bauanleitung für diese Art von Filter finden sie auf der Zeichnung.

Materialliste für den Selbstbau eines Filters

1 Faß 50 bis 200 Liter Inhalt
1 Gekakupplung 1" für den Einlauf Außengewinde
1 Gekakupplung 1" für den Auslauf Außengewinde
2 Gummidichtungen 1"
2 Gekakupplungen 1", Innengewinde
1 Stück Schaumgummi, fein
1 Stück Schaumgummi, grob
2 mittelfeine Siebe für Ein- und Auslauf
Filtergranulat in Form von sehr grobem Sand, Schlackgries oder gemahlene Kunststoffteile
1 Unterwasserpumpe (35–50 l/min).

Biologische Teichfilter

Für Fertigbecken mit integrierter Sumpfzone gibt es eine sehr interessante Filterungsmöglichkeit. Sie besteht aus einem Kunststoffdränschlauch, der mit einem Kokosfasergewebe ummantelt ist. Dieses Material ist im Baustoffhandel erhältlich. Der Dränschlauch wird in die Sumpfzone eingelegt und mit einer Kiesschicht abgedeckt. Der Anschluß erfolgt über eine Gummimanschette an die Pumpe. Dieser Filter kann auch als fertiger Bausatz gekauft werden. Er hat den Vorteil, daß er sämtlichen Oberflächenschmutz beseitigt und eine sehr große Filteroberfläche hat. Ferner ist er biologisch aktiv, weil die Kokosfasern eine ideale Grundlage für Bakterien und andere Mikroorganismen darstellen. In der Kiesschüttung selbst gedeihen rasch wachsende Pflanzen sehr gut. Dieser Filter eignet sich nur für den Einsatz in einem Fertigbecken mit eingebauter Sumpfzone. Der Anschluß sollte wiederum an eine Pumpe mit einer Leistung von 35 bis 60 l/min erfolgen.

Biologische Pflanzenkläranlage

Die wohl interessanteste Art Wasser im Teich zu filtern erfolgt mit einem Pflanzenfilter. Diese Filteranlagen werden sogar schon seit vielen Jahren in biologischen Großkläranlagen erfolgreich eingesetzt. Auf dem Markt gibt es eine Reihe von Herstellern, die sol-

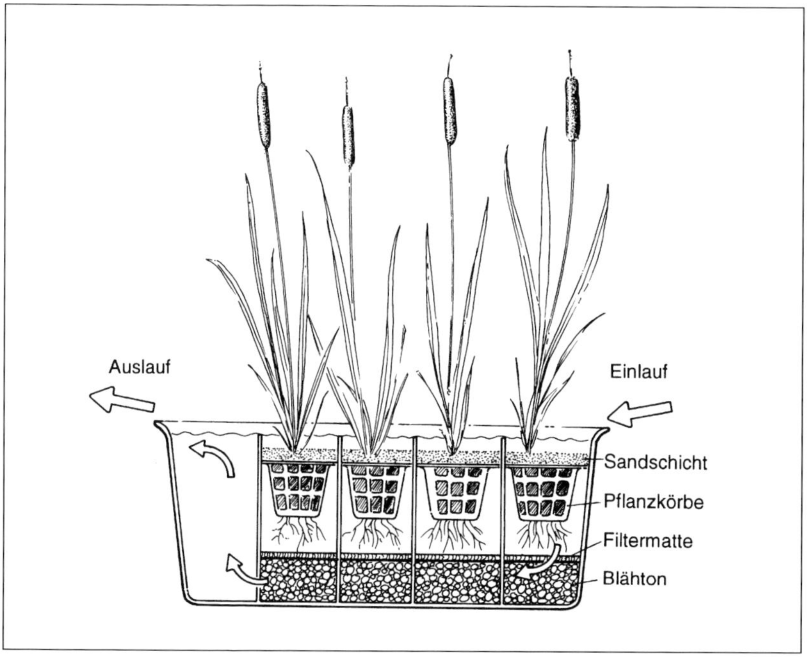

Einen Pflanzenfilter kann man sich selber bauen oder als Bausatz im Fachhandel kaufen.

che Anlagen auch für Gartenteiche anbieten. Neben einem hohen Wirkungsgrad sind sie auch optisch durchaus ansehnlich. Sie wirken eher wie eine Erweiterung des Teiches. Eine Pflanzenfilteranlage besteht aus einer Filterwanne mit Schott- und Trennwänden, sowie Filtermatten und Pflanzkörben. Im günstigsten Fall kann man sich eine solche Anlage auch selber bauen.

Wichtig ist, daß der Auslauf des Filters über dem Rand des Teiches liegt. Damit der Filter einwandfrei funktioniert, muß er mit einer Wasserwaage eingebaut werden. Zwischen den Schottwänden wird eine etwa 10 cm starke Blähetonschicht aufgebracht, auf die dann eine Filtermatte gelegt wird. Über diese Matte kommt eine 10 cm starke Sandschicht, auf der dann die Pflanzkörbe zu stehen kommen. Nach dem Bepflanzen mit rasch wüchsigen Wasserpflanzen wie Schilf, Binsen, Rohrkolben oder Wasserlilien, werden die Körbe nochmals mit einer Sandschicht abgedeckt. Nachdem die Schlauchanschlüsse für Zu- und Rücklauf angeschlossen sind, kann der Filter in Betrieb genommen werden. Alle zugeführten Schmutz- und Schwebeteilchen werden in den Filtermatten festgehalten und biologisch abgebaut. Die Pflanzen entziehen dem Wasser große Mengen Nährstoffe und tragen so zu einem verminderten Algenwuchs bei. Bei größeren Teichanlagen können auch mehrere Pflanzenfilter hintereinander geschaltet werden. Wichtig ist dann nur, daß jede Filtereinheit in einem geringen Höhenunterschied über dem anderen liegen muß. Je mehr Anlagen hintereinander geschaltet sind, desto kräftiger muß die Pumpe sein. Für eine einzelne Anlage reicht eine Pumpenleistung mit 35 l/min. Nachteilig wirkt sich auf Dauer der sehr starke Pflanzenwuchs auf den Pflanzenfilter aus. Nach mehreren Jahren Betriebszeit haben sich Filtermatte und Sandschicht zu einem innigen Wurzelfilz verwachsen. dessen Filterwirkung zu denken geben. Hier hilft dann nur ein rigoroser Ausbau und neuer Aufbau des Filters.

Beleuchtung

Eine Beleuchtungsanlage im oder am Teich ist nicht zwingend notwendig, aber sie kann einen Teich sehr reizvoll gestalten. Mit ihr lassen sich ganz individuell Pflanzen, Skulpturen, einzelne Wasserspiele oder ganze Gruppen anstrahlen. Mit dem gleißenden Licht lassen sich wunderbare Effekte erzielen. Sogar im Winter kann solch eine Lichtanlage wirken. Denken sie nur einmal, wie interessant es wirkt, wenn eine reifbedeckte Pflanze mit einem Strahler angeleuchtet wird. Ist der Teich mit Fischen besetzt, können diese auch nachts beim Fressen beobachtet werden, denn durch das Licht werden Insekten magisch angezogen, nach denen die Fische schnappen · Letztlich bieten Beleuchtungskörper am Teich auch einen gewissen Schutz und tragen so mit zur Sicherheit am Teich bei.

Beim Kauf einer Lichtanlage sollte immer darauf geachtet werden, daß diese Geräte mit den Prüfzeichen TÜV, VDE oder GS Zeichen versehen sind. Unfälle mit Strom im und am Wasser können sehr böse Folgen haben.

Man unterscheidet zwischen einfachen Gartenlampen, die in Teichnähe aufgestellt werden und Strahlern, die im Wasser betrieben werden. Nicht jede Unterwasserlampe erlaubt allerdings einen gleichzeitigen Einsatz im Trockenen. Hier sollte vorher unter allen Umständen die Betriebsanleitung gelesen werden. Unterwasserlampen sind in Kunststoffgehäusen untergebracht, die sie in Verbindung mit Gummidichtungen absolut wasserdicht machen. Je nach Bauweise erhitzen sie sich sehr stark und würden bei Betrieb außerhalb des Wassers platzen. Es ist ebenso wichtig zu wissen, daß man eine eingeschaltete Lampe, die für beide Betriebsarten eingesetzt werden kann, erst restlos auskühlen lassen muß, bevor man sie ins Wasser legt. Die zu plötzliche Abkühlung würde den Strahler ebenfalls platzen lassen. Bei einem Betrieb mit 220 Volt könnte dies fatale Folgen haben.

Unterwasserleuchten und -scheinwerfer

Als Lichtquelle unterscheidet man zwischen Halogenlampen und normalen Strahler, die beide in Kunststoffgehäusen eingebaut sind. Ihr Wirkungsgrad ist ebenso unterschiedlich wie ihre Größe. Halogenlampen sind in ihren Ausmaßen immer wesentlich kleiner als normale Strahler. Eine Lichtquelle im Wasser sollte nie einfach in den Teich gelegt werden. Der Handel bietet hier eine Reihe von Adaptern oder Haltern an, die eine problemlose Befestigung der Lampe an einer Pumpe ermöglicht. Die Gefahr, daß eine Lampe im Wasser zerstört wird und dann den ganzen Teich unter Strom setzt ist einfach zu groß, als daß man hier sorglos hantieren könnte. Wem das ganze von vornherein zu gefährlich erscheint, der braucht keineswegs auf Licht im Wasser verzichten. Es gibt auch Lichtquellen, die mit Niederspannung über einen Transformator betrieben werden.

Die Lichtstärke richtet sich bei den Strahlern nach der Wattzahl, die bei Teichlampen zwischen 40 und 150 Watt liegen. Diese Strahler werden zusätzlich in verschiedenen Ausstrahlungswinkeln geliefert. Es gibt sie mit Winkeln zwischen 10 und 40 Grad. Die Gradzahl sagt aus, wie breit das Licht des Strahlers streut. Die Lichtstärke wird in Lux (lx) ausgedrückt. Diese Luxzahl sinkt mit steigender Entfernung von der Lichtquelle. So hat z. B. eine Halogenlampe in 1 m Entfernung von der Birne einen Luxwert von 2000 lx in 1.5 m noch 800 lx und in 2 m Entfernung nur noch 500 lx.

Die gleiche Birne mit einem Ausstrahlungswinkel von 30 Grad leuchtet in 1 m Entfernung etwa 55 cm breit, in 1.5 m 80 cm breit und in 2 m Entfernung leuchtet sie etwa 1.10 m breit. Veränderungen zu diesen Angaben sind bei stark verschmutztem Wasser einzukalkulieren.

Gute Unterwasserscheinwerfer sind mit Kunststoffklammern ausgestattet, die ein Nachrüsten mit Farbscheiben ermöglichen. In einem Naturteich sind bunte Scheiben über einem Strahler sicherlich nicht angebracht, aber in einer Fontänenanlage kann man damit reizvolle Effekte erzielen.

Beleuchtung am Teich.

Der Vollständigkeit halber sollte noch erwähnt werden, daß ganz normale Glühbirnen und auch die neuen Sparlampen in einer Wasseranlage niemals zu Einsatz kommen dürfen. Es müssen immer Lampen sein, die speziell für diesen Zweck umgerüstet wurden.

Farblichtspiele

In kleinen Wasserbecken, oder solchen, die ausschließlich als Fontänen genutzt werden, ist der Einsatz eines Farbwechselspiels eine interessante Erweiterung einer sonst eventuell langweiligen Wasseranlage.

Solch ein Farbwechselspiel besteht aus einer Kunststoffscheibe mit vierfarbigen Segmenten, die von der Unterwasserpumpe über einen Wasserrückstoßantrieb in Drehung versetzt wird. Die Geschwindigkeit läßt sich hierbei einstellen. Die Scheibe sitzt unmittelbar über der Pumpe und wird von einem starken Strahler angeleuchtet. Das aufspritzende Wasser aus der Fontäne ändert mit jedem Viertel einer Scheibenumdrehung seine Farbe. Eine Montage auf das bereits beschriebene Pumpenstativ ist in jedem Fall anzuraten. Die Anlage ist so zu montieren, daß die Farbscheibe gerade noch unter Wasser ist. Wem dies zu wenig ist, der kann sich eine komplette elektronische Anlage kaufen, die nicht nur die Farben der Strahler verändert, sondern gleichzeitig auch noch unterschiedliche Wasserbilder erzeugt.

Schwimmlampen
Die auf dem Wasser treibenden Beleuchtungskugeln sind untereinander mit einem 3 m langen Kabel verbunden und werden mit Niedervoltspannung über einen Trafo betrieben. Die Lampen sind in einem wasserdichten Kunststoffkörper eingearbeitet. Der Stromanschluß liegt unsichtbar auf der Unterseite im Wasser. Die Lampen werden im allgemeinen als Dreierset angeboten. Zum Lieferprogramm gehören weiterhin Drahthaken, die ein Befestigen auf dem Teichgrund ermöglichen. Eine intensive Ausleuchtung der Teichanlage ist mit diesen 12 Volt Birnen nicht möglich, aber sie können eine reizvolle Lichtquelle sein, die zu allen möglichen Anlässen eine gemütliche Atmosphäre am Wasser schaffen soll.

Sonstige Geräte und Hilfsmittel

Jeder, der ein Hobby betreibt, weiß, daß es für sein Hobby im Handel viel Zubehör zu kaufen gibt. Manches davon ist sinnvoll, manches vielleicht auch weniger. Ganz ähnlich verhält es sich mit dem Hobby Teich. Die Industrie hält eine ganze Reihe von Dingen parat, die ein Teichbesitzer später oder auch schon beim Bau des Teiches brauchen kann. Einige werden im folgenden vorgestellt.

Wasserpflanzenkörbe aus Kunststoff
Für alle terrassenförmig angelegten Teiche und für Fertigteichbecken sind Wasserpflanzenkörbe ein unverzichtbares Mittel den Teich zu bepflanzen. Auf dem Markt werden grob- und feinmaschige Pflanzkörbe angeboten. Inzwischen gibt es sie in vielen verschiedenen Formen, die sich zum Teil auch dem Profil eines Fertigbeckens anpassen. Die grobmaschigen Körbe kleidet man vor dem Befüllen mit Teicherde mit einer Lage Zeitungspapier aus und verhindert somit das Ausschwemmen der Erde. Nachdem die Pflanzen eingesetzt wurden (wie beim Bepflanzen einer Schale), wird die Oberfläche mit einer 2 cm dicken Schicht aus gesiebtem, weißen Sand abgedeckt. Die Sandschicht verhindert das Aufschwemmen der Erde und dient als Trägerschicht für kleinere Kiesel, die auf den Sand aufgelegt werden. Durch die Kieselsteine wird der schwarze Kunststoffpflanzkorb im Teich weitgehend unsichtbar. Für See-

rosen sollten sogenannte Kartoffelkörbe mit etwa 30 Liter Inhalt benutzt werden. Für die Korbauskleidung sollte nur Material verwendet werden, das im Laufe der Zeit auch verrottet.

Wasserpflanzenkörbe aus Kokosfaser
Wenn aus technischen Gründen auf Pflanzkörbe nicht verzichtet werden kann, so bietet sich zumindest eine Möglichkeit an, um einmal mehr vom Kunststoff wegzukommen. Seit geraumer Zeit sind Pflanzkörbe in unterschiedlichen Größen aus dem Naturstoff Kokosfaser im Handel. Sie haben den großen Vorteil, daß sie auch im Randbereich, wie in der Sumpfzone eingesetzt werden können. Als Naturprodukt integrieren sie sich problemlos im Teichbild. Sollte der Rand sich als zu hoch erweisen, kann er problemlos umgeschlagen werden. Die Körbe sind so dicht gewebt, daß ein Auskleiden nicht nötig ist. Ein weiterer Vorteil ist noch in der hohen Kapillarwirkung des Materials Kokosfaser zu sehen. Bei stark wechselndem Wasserstand bleiben die Pflanzen feucht. Erwähnenswert ist noch die lange Haltbarkeit dieses Materials, das auch über viele Jahre, selbst im Wasser erhalten bleibt.

Kunststoffmatten für steile Teichränder
Alle, die ihren Teich nicht gerade falsch, zumindest aber zu steil abfallend gebaut haben, brauchen ihr Bauwerk nicht gleich wieder aus diesem Grund zerstören. Ein zu steiles Ufer wird immer eine Problemzone sein, weil einfach die Abdichtung (in den meisten Fällen Teichfolie) sichtbar bleibt. Aus verständlichen Gründen wirkt das störend. Abhilfe kann mit einer PVC-Teichmatte geschaffen werden. Diese Matten bestehen aus einem etwa 1 cm starken Kunststoffgeflecht, das auf einer Seite glatt, auf der anderen Seite rauh ist. Mit großen Krampen wird die 1 m breite Matte am oberen Teichrand befestigt und über das steile Ufer gelegt. Die rauhe Oberfläche gibt aufgesetzten Pflanzen ausreichend Halt. Ist die Matte erst einmal bewachsen, ist sie hinterher fast unsichtbar und das ehemals viel zu steile Ufer hat eine ganz andere Wirkung.

Kokosrandmatten mit Taschen
Ein ähnliches System wie das vorher beschriebene gibt es auch aus einem Naturprodukt. Es findet Verwendung bei steilen Ufern oder ganz einfach auch bei Betonteichen oder ehemalige Planschbecken, die zu einem Gartenteich umgewandelt wurden. Die etwa 1 m breiten Matten haben eine Tasche, die mit Teicherde gefüllt und am Teichrand befestigt wird. Die Bepflanzung erfolgt durch die Maschen des Geflechts hindurch. Schon innerhalb kürzester Zeit ist das Geflecht von Wasserpflanzen total durchwachsen und gibt selbst einem vormals unnatürliche erscheinendem Teich ein sehr naturnahes Aussehen. Als Teichsubstrat eignen sich die in vorausgegangenen Kapiteln beschriebenen Mischungen. Die Befestigung der Taschen erfolgt mit krampenähnlichen Haken, die am Teichrand in den Boden gesteckt werden.

Der Einsatz der Kunststoffmatte oder der Kokosmattentasche sollte in jedem Fall als Notlösung betrachtet werden. Es ist besser, wenn der Teich von vornherein gleich richtig gebaut wird.

Pflanzeninseln
Bei Fertigteichen gibt es seit langem schon Inseln aus GFK-Material, die auf einem Ständer aus dem gleichen Material im Gartenteich stehen. Die Insel ist wie eine Plattform und gerade so hoch wie der Teichrand selbst. Die runde oder auch eckige Pflanzwanne ist mit Löchern versehen und hat eine Tiefe von 10 bis 15 cm. Man bepflanzt sie wie Pflanzkörbe.

Eine ganz andere und vor allem auch wesentlich preiswertere Variante kann man sich mit etwas Geschick aus Hartschaumplatten selber bauen. Diese Platten sind im Baufachhandel erhältlich. Man versieht sie mit Aussparungen, in die je nach Plattengröße 3 bis 5 Wasserpflanzenkörbe passen und setzt diese fest ein. Damit der Hartschaum weitgehend unsichtbar wird, färbt man ihn braun ein oder sandet ihn mit einem Material ab, das für Fassadenverkleidung verwendet wird. Auch das erhält man im Baustoffhandel. Nach dem Bepflanzen der Körbe kann die Insel auf das Wasser gesetzt werden. Damit sie nicht sofort an das Ufer treibt, sollte sie mit einem Anker versehen werden, der aus einem an einer Schnur befestigten Stein besteht. Solch eine künstlich geschaffene Insel kann optisch sehr reizvoll sein und das Aussehen eines Teiches entscheidend verändern.

Teichzange und Tischschere
Diese zwei Geräte sind vor allem für Teichbesitzer gedacht, die ihren Teich schon seit längerem haben und die sich mit dem Gedanken befassen, wie sie die Menge an Pflanzen, die sich im Laufe der Zeit gebildet haben, ein wenig reduzieren können. Folienteiche können mit der Schere, die an einem etwa 1 m langen Greifarm befestigt ist, leicht beschädigt werden, vor allem, wenn man versucht, eine Pflanze in Wurzelnähe abzuschneiden. Hier sollte man also sehr vorsichtig zu Werke gehen. Ansonsten ist die Schere ein sehr nützliches Gerät, mit dem sich überständige oder abgestorbene Pflanzenteile mühelos entfernen lassen. Die Zange ist mit einem ähnlichen Mechanismus ausgestattet. Mit ihr können auf dem Wasser schwimmende Pflanzenteile problemlos gegriffen und vom Wasser entfernt werden. Auch abgeblühte Seerosen können mit ihr entfernt werden.

Kescher
Kescher sind denkbar nützliche Geräte und jeder Teichbesitzer, der noch keinen hat, sollte sich einen besorgen. Kescher gibt es mit groben und mit feinen Netzen, sowie mit normalem oder mit Teleskopstiel. Die Notwendigkeit dieses Gerätes haben inzwischen sogar namhafte Gartengerätehersteller entdeckt und diesen Artikel in ihrer Lieferprogramm aufgenommen. Kescher eignen sich für das Abfischen von Laub und Schmutzteilen auf dem Wasser und vor allem aber zum Fangen von Fischen und anderen Wassertieren, wenn der Teich einmal gereinigt wird oder wenn er defekt ist. Entscheidend ist, daß der Stiel lang genug ist und das Netz so gut befestigt ist, daß es nicht gleich beim ersten Einsatz am Stiel abknickt.

Feinmaschige Netze eignen sich zum Fangen von Wassertieren. Die gröberen Netze werden eher zum Abfischen von Laub verwendet. Sie eignen sich generell nicht dafür um Pumpen oder andere technische Einrichtungen aus dem Wasser zu holen.

Teichsauger
Bei kleinen Teichen oder auch Fertigbecken kann ein Teichsauger ein nützliches Gerät zur Teichreinigung sein. Der Sauger besteht aus einem ¾" Kunststoffrohr, an dem seitlich am unteren Ende ein wasserdurchlässiger Sack angebracht ist. Darunter befindet sich ein Saugkopf ähnlich wie bei einem Staubsauger. Durch ein Umlenksystem im Innern des Rohres entsteht ein Unterdruck, sobald das Rohr mit Wasser unter Druck gesetzt wird. Dies ist möglich über einen Wasseranschluß am oberen Teil des Gerätes. Die einfachste Art ist der Anschluß an die Wasserleitung. Hierdurch werden am Boden liegende Schmutzteile angesaugt und verfangen sich in dem Sack. Eine andere gute Möglichkeit Schlamm und Schmutzteile aus einem Teich zu holen ist der Einsatz einer starken Gartenpumpe, die über einen Saugschlauch verfügt. Außerdem muß sie selbstansaugend sein. Für die Reinigungsarbeit entfernt man den Saugkorb und bindet den Schlauch mit Draht an einen ausreichend langen Bambusstab. Der Saugschlauch läßt sich so spielend an die Stellen führen, die abgesaugt werden sollen. Mit Sicherheit ist das für die Pumpe auf Dauer gesehen nicht gut. Wird sie hinterher gut durchgespült, nimmt sie keinen Schaden dadurch. Eher nachteilig ist schon die Tatsache, daß durch diese Maßnahme viele Kleinstlebewesen mit abgesaugt werden. Das Absaugen oder Reinigen des Teichbodens ist eine sehr wichtige Maßnahme, weil sie der Verlandung eines Teiches sowie der Nährstoffanreicherung des Wassers entscheidend entgegenwirkt. Sie bedeutet genaugenommen zwar einen Eingriff in einen natürlichen Kreislauf, doch ist dieser ohnehin in fast allen Fällen bereits von vornherein durch vielerlei Ursachen unterbrochen..

Sauerstoffspender
Eine weitere Möglichkeit das Teichwasser mit Sauerstoff zu versorgen, ergibt sich mit einem patentierten Gerät, das aktivierten Sauerstoff (Ozon) abgibt. Der aktivierte Sauerstoff erreicht auch strömungsarme Gebiete und Nischen und durchdringt auch den Boden. Hierdurch wird ein hervorragender biologischer Filter geschaffen, denn das Gedeihen der Mikroorganismen wird entscheidend von Sauerstoff geprägt. Diese wiederum bauen Futterreste von Fischen, sowie deren Ausscheidungen ab. Es wurde nachgewiesen, daß der aktivierte Sauerstoff auch die für einen Teich so schädlichen Produkte wie Nitrit und Kohlenwasserstoff zu unschädlichen Endprodukten Nitrat und Wasser sowie Kohlendioxyd umwandelt.

Das Gerät ist im Fachhandel erhältlich. Es besteht aus einem Keramikbehälter, einem glockenähnlichen Kunststoffbehälter mit Katalysator und einer Flasche Wasserstoffsuperoxyd. Beim Füllen des Gerätes sind die angegebenen Sicherheitsvorschriften unbedingt zu beachten. Ein Gerät reicht für eine Teichgröße von 500 bis 4000 Liter. Notfalls können auch mehrere Geräte gleichzeitig eingesetzt werden.

Die Betriebszeit für das Gerät beläuft sich auf 2 Monate im Sommer und 6 Monate im Winter. Hierfür werden etwa 3 bis 4 Liter Wasserstoffsuperoxyd benötigt. Wenn nachgefüllt werden muß, schwimmt das gesamte Gerät an der Wasseroberfläche.

Der Teichbelüfter gibt mit einer Füllung soviel aktivierten Sauerstoff ab, wie in 20000 Liter Wasser gelöst sind. Bei der Installation ist noch zu beachten, daß die Enden des Haltebandes fest verknüpft sind. Sie verhindern ein Aufschwimmen der Kunststoffglocke samt Füllung.

Eisfreihalter
Ein im Winter fest zugefrorener Teich bereitet für Tiere und Pflanzen ernsthafte Probleme, weil die sich durch Schlamm, Blätter und andere in Gärung übergehende Stoffe bildenden Faulgase nicht mehr ungehindert abziehen können. Ein natürlicher Eisfreihalter können Binsen und andere stark wachsenden Gräser sein, die man aus diesem Grund auch im Herbst tunlichst nicht schneiden sollte.

Aber auch im Zubehörbereich gibt es hierfür sinnvolle Geräte. Sie sind rund oder eckig und meist wenig ansehnlich. Dafür sind sie um so effektiver, vorausgesetzt, man wendet sie richtig an. Solch ein Gerät einzusetzen, wenn der Teich schon mit einer Eisschicht versehen ist, ist zwecklos. Ferner muß darauf geachtet werden, daß der Schwimmkörper mit seiner Verankerung im Teich so befestigt ist, daß er nicht in die Flachzone getrieben wird. Dabei ist zu beachten, daß die Verankerung die Luftschlitze des Eisfreihalters nicht unter Wasser zieht. Er verliert sonst jegliche Wirkung. Der aus Styropor gefertigte Körper verhindert, daß die Eisdecke sich schließt. Zusätzlich kann noch ein Steigrohr eingesetzt werden, dies hat aber nur dann Sinn, wenn es nicht bis ins Wasser reicht. Die Funktion der aus zwei Teilen bestehenden Eisfreihalter ist bei allen Herstellern gleich. Über den genauen Einsatz informiert man sich am besten in der Gebrauchsanleitung. Unterstützen kann man den ganzen Vorgang noch mit einer zusätzlichen Kleinpumpe aus dem Aquariumbereich, die über einen kleinen Keramikkörper Luft, bzw. Sauerstoff in den Teich pumpt. Diese Kleinpumpen haben einen so geringen Stromverbrauch, daß sie bedenkenlos den ganzen Winter über laufen können. Sie dürfen jedoch nicht so stark sprudeln, daß sich die Luftlöcher des Eisfreihalters mit Eis zusetzen.

Laubschutznetze
Jeder Teichbesitzer weiß, daß größere Mengen Laub, die in seinen Teich gelangen, Probleme bereiten. In erster Linie führt das Laub zu einer starken Nährstoffanreicherung im Wasser, zum anderen bilden sich Faulgase. Beides sind Faktoren, die dem Teichbesitzer Probleme bereiten.

Rechtzeitig vor Beginn des Herbstes sollte man sich daher im Fachhandel ein für seinen Teich passendes Laubschutznetz kaufen. Zusammen mit Kunststoff-Bodendübeln gibt es sie in fast allen gängigen Teichgrößen. Ist der Teich sehr viel größer, können auch zwei Netze hintereinander gespannt werden. Wichtig ist, daß die Netze mit einer festen Spannung über dem Wasser liegen. Der Zwischenraum zwischen Wasser und Netz sollte etwa 5 bis 10 cm betragen. Notfalls wird der Wasserstand leicht abgesenkt. Herkömmliche Vogelschutznetze sind der Belastung vom Laubgewicht nicht gewachsen. Laubschutznetze sind enger und bestehen aus einem dreifachen Kettfaden. Es gibt sie in blau und grün. Zum Entfernen des Laubs wird die eine befestigte Seite gelöst und über die Wasserfläche abgezogen.

Drahtgeflechte gegen Wühlmäuse

Plant man seinen Teich aus Folie und befindet er sich in einem Gebiet, in dem Wühlmäuse besonders stark vertreten sind, dann sind besondere Schutzmaßnahmen erforderlich. Es liegt durchaus im Bereich der Möglichkeiten, daß Wühlmäuse aus lauter Lust am Nagen über Teichfolie herfallen und diese mit vielen, unterschiedlich großen Löchern versehen. Dies kommt besonders häufig in den Randzonen und bis zu einer Tiefe von 30 bis 35 cm vor. Um diesem vorzubeugen, kann schon vor Einbau der eigentlichen Folie eine wirksame Mäuseabwehr eingebaut werden. Sie besteht aus einem Drahtgeflecht, das man als Kükendraht bezeichnet. Der verzinkte Draht ist zusätzlich mit einem Kunststoffüberzug gegen Korrosion geschützt. Man baut ihn in einer Sandschicht ein, auf die dann erst die Folie gelegt wird. Durch die Sandschicht wird ein direktes Aufliegen der Folie auf dem Draht verhindert. Außerdem wird hierdurch gewährleistet, daß nicht ein einzelner Draht durch die Folie stechen kann.

Besonders wichtig ist der Draht in der Randzone. Durch sein flexibles Verhalten kann er leicht Rundungen und Biegungen angepaßt werden.

Igellaufbrett

Dieses nützliche Gerät hat nichts mit dem Laufsteg einer Modenschau zu tun. Man benötigt es für Fertigteiche und andere Teiche, die eine steil abfallende Böschung haben. Fertigteiche haben im allgemeinen eine senkrecht nach unten abfallende Böschung, die keinem Kleintier eine Chance geben, wieder aus dem Wasser zu kommen, in das sie gefallen sind. Das Igellaufbrett besteht aus einem Kunststoffbrett, das mit feinem Kies beklebt ist. Es ragt von der Beckenkante bis ins Wasser und kann so jedem Kleintier zur unbeschadeten Flucht verhelfen. Bei Folienteichen und auch solchen anderer Bauart reicht eine flachverlaufende Uferzone mit unterschiedlich großen Steinen und Zierkieseln. Beim Fehlen von Einrichtungen dieser Art kommt es immer wieder vor, daß ins Wasser gefallene Tiere sich bis zur Erschöpfung abstrampeln und schließlich doch ertrinken.

Teichpflege

Die Meinungen zur Teichpflege sind mit Sicherheit sehr unterschiedlich. Ein richtig und vor allem auch naturnah gebauter Teich wird wenig Pflege benötigen. Vom Leerpumpen der Teichanlage und gründlicher Reinigung halte ich nichts. Hierdurch wird mehr zerstört als gewonnen. Im Laufe der Zeit bilden sich Kolonien von Kleinstlebewesen und Mikroorganismen, die bei einer Totalreinigung alle verloren gehen. Der jährliche Teichputz sollte sich also eher auf die aufgeführten Arbeiten beschränken, die allesamt im Frühjahr durchzuführen sind, wenn die Wasserpflanzen anfangen zu treiben.

Algenbekämpfung

Ein veralgter Gartenteich ist die Horrorvision eines jeden Teichbesitzers. Algen gehören zu den Wasserpflanzen und werden daher dort immer anzu-

Verhindern übermäßiger Algenbildung

1. Einbau eines Zu- und Ablaufs im Teich.
2. Großzügige Bepflanzung mit Teich- und Sumpfpflanzen.
3. Einsatz von Unterwasserpflanzen wie Hornkraut, Tausendblatt oder Wasserpest.
4. Ausgewogenes Verhältnis von Flachwasser- und Tiefwasserzonen.
5. Frischwasserzufuhr bei zu hohen Wassertemperaturen.
6. Möglichkeit einplanen um dem Teich Regenwasser automatisch zuzuführen.
7. Einstellung des pH-Wertes auf 6 bis 6,5.
8. Fische nur in großen Teichen einsetzen. Fischkot und Fischfutterreste bilden eine ideale Basis für Algenwuchs.
9. Vorsichtiges Entfernen der Algen von Hand.
10. In regelmäßigen Abständen Wasseranalysen durchführen, einfache Testreihen lassen sich selbst leicht erstellen.

Man bedenke jedoch bitte, Algen sind auch Pflanzen, die in einen Teich gehören. Mit ihrer Anwesenheit wird man wohl oder übel leben müssen. Nicht zuletzt bilden sie auch eine Lebensgrundlage für Kleinstlebewesen. Lediglich dann, wenn sie übermäßig stark auftreten, muß eingeschritten werden, da durch den übermäßig hohen Sauerstoffentzug jegliche Pflanzen und Tiere ersticken. Hält der Teichfreund sich an die 10 vorausgegangenen Punkte, so ist die Algenbildung in seinem Teich von vornherein eingeschränkt.

Nur wenig Pflege braucht dieser idyllische Teich.

treffen sein. Nur die Menge ist entscheidend. Am häufigsten treten Faden-, Schwebe- und Blaualgen auf. Die Fadenalge ist am leichtesten zu entfernen, indem man sie einfach von Hand aus dem Teich herauszieht. Schwieriger ist das schon bei Schwebealgen. Hier helfen in erster Linie eine naturnahe Bauweise des Teiches mit einer ausreichend großen Menge an Wasserpflanzen. Natürlich ist auch Artenvielfalt wichtig.

Unterstützende Maßnahmen gegen die Algen sind der Einsatz von Pumpen, sowie Schwimmpflanzen wie Hornkraut, Tausendblatt, Wasserpest und andere. Die Pflanzen haben die Eigenschaft Sauerstoff aus der Luft aufzunehmen und an das Wasser abzugeben. Je kühler das Wasser ist, desto mehr Sauerstoff beinhaltet es. Die Ausbreitung von Algen wird durch sauerstoffhaltiges Wasser eingeschränkt. Die Sättigungskonzentration von Sauerstoff in Süßwasser ist sehr unterschiedlich. In einer nachfolgenden Tabelle werden die Mengen bei verschiedenen Wassertemperaturen

Löslichkeit von Sauerstoff in Wasser	
Wassertemperatur	mg Sauerstoff/l
5 Grad	12.9 mg
10 Grad	11.4 mg
15 Grad	10.6 mg
20 Grad	9.2 mg
25 Grad	8.3 mg
30 Grad	7.6 mg
35 Grad	6.9 mg

aufgezeigt. Dies beweist, daß es nicht sehr sinnvoll ist, wenn eine Unterwasserpumpe aus dem Tiefwasserbereich große Mengen Kaltwasser an die Oberfläche pumpt.

Ist das Wasser sehr nährstoffreich, fördert dies ebenfalls die Ausbreitung und massenhafte Vermehrung von Algen. Letztlich spielt noch der pH-Wert des Wassers eine sehr große Rolle. Hat das Wasser einen pH-Wert der über dem Neutralwert von pH 7 hinausgeht, wachsen Algen besonders gut. Das Wasser sollte eher im schwach sauren Bereich liegen. Eine leicht nachvollziehbare Prüfung gibt schnell darüber Auskunft. Im Fachhandel werden Chemikalien zur Veränderung des pH-Wertes angeboten. Diese Flüssigkeiten werden in bestimmten Konzentrationen im Verhältnis zum Wasserinhalt in das Teichwasser gegeben. Ferner gibt es Torftabletten oder ein Torfgranulat in einem Gewebesack, der in das Teichwasser gehängt wird. Ein Beutel reicht für 5000 Liter.

Die abgegebene Säure aus dem Torf senkt den pH-Wert ebenfalls. Da Menge und Anwendungsweise je nach Hersteller unterschiedlich sind, sollte man sich vorher die Anleitung hierzu genau durchlesen.

Ebenfalls werden auf dem Markt auch noch sogenannte Algenkiller angeboten. Dies sind allesamt Produkte, die alle Sorten von Algen abtöten und dabei die restliche Flora und Fauna nicht beeinträchtigen. Voraussetzung ist die richtige Konzentration des Präparates. Nachteilig ist aber die Tatsache, daß die abgestorbenen Algen auf den Boden sinken und dort als tote, braune Masse im Teich bleiben. Als abgestorbene Pflanze gehen sie bei der Zersetzung allmählich in Nährstoffe über und der Kreislauf beginnt von neuem.

Zusammenfassend läßt sich hierzu also sagen: Man muß mit den Algen leben und versuchen, durch geeignete Maßnahmen ihre zu starke Ausbreitung verhindern.

Die Wasseranalyse

Teichbesitzer, die Probleme mit ihrem Teich haben, können eine Wasseranalyse machen lassen. Dies geht meist bei einem guten Fachhändler oder man macht es selber. Ohne große chemische Kenntnisse kann auch ein Laie solch eine Untersuchung selber durchführen. Die dazu notwendigen Chemikalien und Tests sind im guten Fachhandel erhältlich. Es handelt sich hierbei um gezielte Einzeluntersuchungen, oder aber um einen ganzen Analysekasten. Die Resultate erhält man durch genaues Arbeiten nach Anweisung. Die jeweiligen Optimalwerte und Grenzwerte sind genau angegeben. Ebenso die Möglichkeiten zur Veränderung, wenn etwas nicht stimmt. Die einzelnen Testmöglich-

Hinweis zur Algenblüte

Grün gefärbtes Wasser ist ein deutlicher Hinweis auf Schwebealgen und entsteht regelmäßig bei einer Füllung mit Leitungswasser. Dieser auch als Algenblüte bezeichnete Zustand alarmiert jeden Teichbesitzer. Ursache ist der Nährstoffgehalt des Leitungswassers. Der Zustand ändert sich in dem Augenblick, wenn die Nährstoffe im Teich aufgebraucht sind. Hält die Nährstoffzufuhr hingegen an (Fischfutter, Fischkot, Blattmasse oder andere Dünger) wird die Grünfärbung immer wieder auftreten.
Die Erstfüllung eines Teiches mit nährstoffarmen Regenwasser ist sicherlich sinnvoll, aber meistens mangels Masse nicht möglich. Vor der Füllung des Teiches sollte in jedem Fall Kontakt zur örtlichen Wasseramt aufgenommen werden, um hier Angaben über pH-Wert und Inhaltsstoffe zu erhalten.

keiten werden nachfolgend näher beschrieben.
pH-Test (pondus hydrogenus: Säuregrad des Wassers) – Ein zu niedriger pH-Wert ist für Pflanzen und Fische ebenso schädlich wie ein zu hoher pH-Wert. Der Idealwert liegt bei pH 6 bis 7. Bei einem zu hohen pH-Wert entsteht im Teich giftiges Ammoniak. Wie der pH-Wert verändert werden kann, können Sie im vorhergehenden Kapitel nachlesen.
Ammonium-Test (NH4): Durch die Zersetzung organischer Substanz (Pflanzenreste, Laub, Kleinstlebewesen, Ausscheidungen von Fischen, Fischfutterresten) werden Stickstoffverbindungen im Wasser frei. Es gibt verschiedene Formen des Stickstoffs. Zunächst entsteht Ammoniak oder Ammonium. Ammoniak ist giftig und entsteht insbesondere bei pH-Werten über pH 7.5. Ammonium bildet sich bei niedrigen pH-Werten und ist ungiftig. Ein Gehalt von 0.1 mg Ammoniak wirkt sich bei vielen Fischarten bereits schädigend aus. Konzentrationen über 1 mg bereits tödlich. Kennzeichnend ist der unangenehme Geruch.

Nitrosomas-Bakterien bauen den Ammoniak, bzw. das Ammonium zu Nitrit ab. Nitrit ist ebenfalls sehr giftig, liegt aber in der Regel nur kurz vor und wird rasch weiter umgewandelt. Der Gehalt an Nitrit sollte Konzentrationen von 0.25 mg/l längerfristig nicht überschreiten. In der letzten Abbaustufe wird Nitrit mit Hilfe von Nitrobacter-Bakterien und Sauerstoff zu dem relativ ungiftigen Stoff Nitrat umgewandelt. In Konzentrationen über 25 mg/l fördert es den lästigen Algenwuchs im verstärkten Maße.

Das Vorhandensein der Stickstoffverbindungen Ammoniak, Ammonium, Nitrit und Nitrat kann mit jeweils unterschiedlichen Tests nachgewiesen werden. Alle diese Stickstoffverbindungen entstehen überall im Naturkreislauf. Eingreifen muß der Mensch nur dann, wenn das biologische Gleichgewicht gestört ist.
Wasserhärtetest (dH): Wasserhärte wird im wesentlichen durch Kalzium- und Magnesium-Salze verursacht. 1 Grad deutscher Härte entspricht 10 mg CaO/l Wasser. Teichwasser für Fische und Pflanzen liegt ideal im Härtebereich 2.

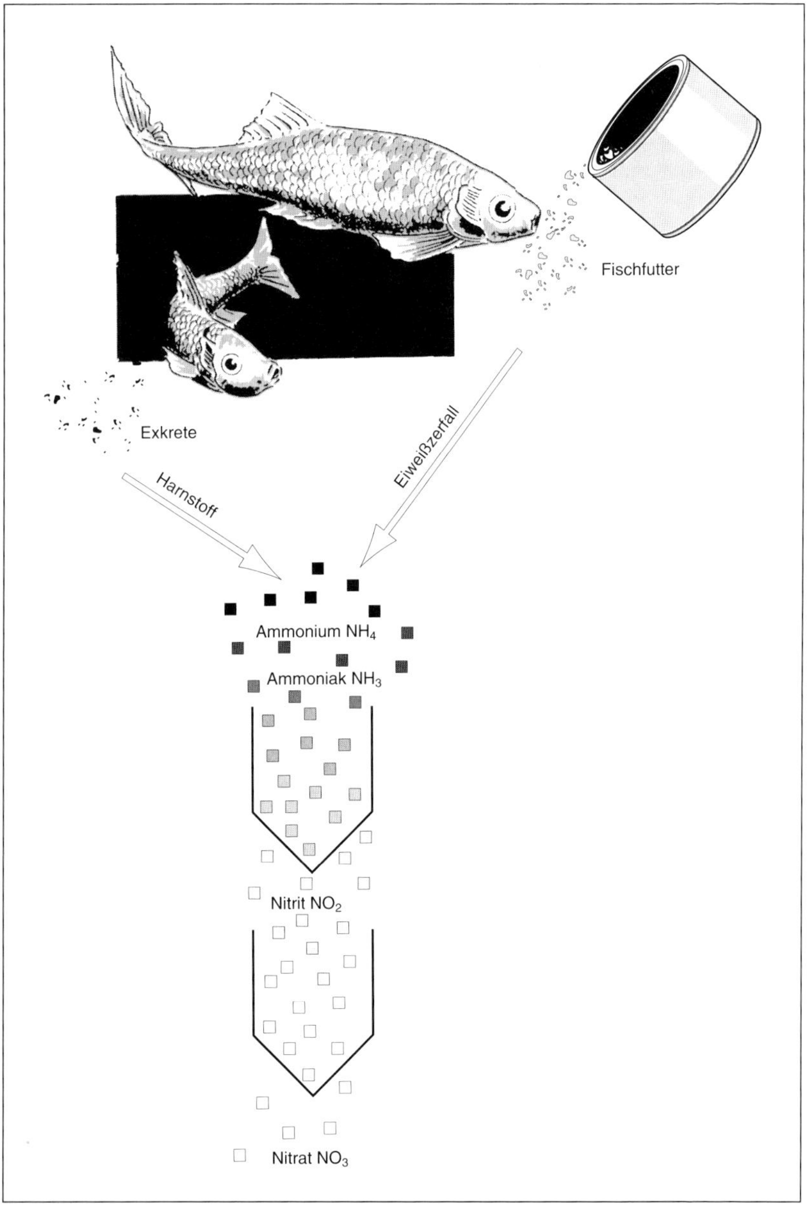
Fischfutter
Exkrete
Harnstoff
Eiweißzerfall
Ammonium NH_4
Ammoniak NH_3
Nitrit NO_2
Nitrat NO_3

Wasserhärtetest (KH): Neben dem bereits erwähnten Test gibt es einen Wasserhärtetest, der sich in Karbonhärte ausdrückt. Jedes Wasser enthält über Kalzium und Magnesium hinaus viele weitere Salze, die sogenannten Biokarbonate. Sie wirken sich als pH-Puffer aus und verhindern ein zu starkes oder rasches Absinken des pH-Wertes. Ein KH-Wert zwischen 3 und 10 KH ist erstrebenswert.

Kupfertest: Der Kupfergehalt des Wassers ist in Spuren sehr wichtig. Im Wasser verlegte Kupferrohre führen sehr rasch zu großen Problemen, weil das sich bildende Kupferoxyd sehr giftig für Pflanzen und Tiere ist. Ein zu hoher Kupferwert kann vorübergehend mit Chemikalien gebunden werden.

Eisentest: Das Spurenelement Eisen ist für Pflanzen und Fische wichtig. Gewisse Optimalwerte dürfen hier aber nicht über- oder unterschritten werden.

Chlortest: Über die erwähnten Tests hinaus gibt es noch einen Chlortest, der diesen »Giftstoff« im Wasser nachweist. Er wird im allgemeinen von Aquarianern verwendet, hat aber auch für einen Gartenteich eine Bedeutung. Immer dann, wenn man im Sommer darauf angewiesen ist, seinen Teich mit Leitungswasser nachzufüllen, weil es lange nicht geregnet hat, sollte man den Chlorgehalt einmal testen. Zu große Mengen gechlorten Wassers, die sehr plötzlich in den Teich gelangen, können Fische Probleme bereiten. Wird eine zu hohe Konzentration festgestellt, dann sollte das Wasser über Nacht in Bottiche gefüllt und erst am nächsten Tag in den Teich gebracht werden. Chlor ist ein flüchtiges Gas.

◁ *Auch Fische können zur Belastung des Teichwassers mit Nitraten beitragen. Ausscheidungen und Futterreste werden schrittweise zu Nitraten umgesetzt.*

Wasserhärte

Härtebereich	Härtegrad	Wassercharakter
1	0–7	weich
2	7–14	mittel
3	14–21	hart
4	über 21	sehr hart

Kupfergehalt

Kupfergehalt in mg/l	Beurteilung
0.0	optimal für niedere Tiere
0.3	auf Dauer schädlich
0.5	sehr schädlich bzw. tödlich

Undichtigkeiten an einem Teich

Das Schlimmste, was einem Teichbesitzer passieren kann, ist ein undichter Teich, bzw. die Feststellung, daß das Höhenniveau der Wasserfläche ständig abfällt.

Als erste Maßnahme muß der Teichrand genauestens untersucht werden, ob der Wasserverlust auf Kapillarwirkung zurückzuführen ist. Es kommt auch vor, daß sich Graswurzeln unter den Trittplatten einer Teichumrandung so stark ausgebildet haben, daß sie große Mengen Wasser aus dem Teich

Checkliste für die Teichpflege

- Kontrolle des Teichrandes auf Wasserverluste wegen Kapillarwirkung des Bodens
- Bei Folienteichen auf ausreichende Abdeckung der Randzone mit Steine und Kies achten.
- Entfernen von Fadenalgen mit einem geeigneten Gerät (Kescher). Vorsicht bei Folienteichen.
- Entfernen abgestorbener Pflanzen und Pflanzenteile.
- Pflanzen, die sich im Laufe der Zeit zu weit ausgebreitet haben, werden im Frühjahr verkleinert. Vorsicht bei Folienteichen. Pflanzen wie Schilf und Rohrkolben können sich so verwurzelt haben, daß sie beim Entfernen die Folienhaut verletzen können.
- Zum Teichputz gehört dann auch wieder das Einsetzen der Unterwasserpumpe, die hoffentlich ordnungsgemäß in einem Eimer mit Wasser gelagert wurde.

abfließen lassen. Bei großer Hitze ist die Verdunstung durch Sonneneinstrahlung nicht zu unterschätzen. Man kann davon ausgehen, daß bei Außentemperaturen von 30 °C der Wasserspiegel um etwa 1 cm durch Verdunstung absinkt. Bei einer Wasseroberfläche von 30 m^2 bedeutet das einen Wasserverlust von täglich 300 Liter. Eine beachtliche Menge, zum Glück ist es nicht jeden Tag so heiß.

Hat ein Teich tatsächlich eine undichte Stelle, dann geht man wie folgt vor. Nach Feststellung der vermeintlichen Undichtigkeit weitere 2 bis 3 Tage vergehen lassen und dabei die Wasserfläche genau beobachten. Am besten macht man sich am beobachteten Wasserstand eine Markierung mit einem gut sichtbaren Filzstift. Ist das Wasserniveau auch am dritten Tag noch nicht verändert und nicht weiter abgesunken, kann man davon ausgehen, daß die undichte Stelle sich zwischen dem eingependelten Wasserniveau und der nicht bedeckten Fläche befinden muß. Um ganz sicher zu gehen, füllt man den Teich jetzt auf und läßt ihn erneut absinken. Die Suche nach der undichten Stelle wird durch die mit Algen verschmutzten Abdichtungen erschwert.

Bei der Suche nach der undichten Stelle hilft es, wenn man bei Windstille etwas Mehl auf die Wasseroberfläche streut. Das Mehl zeigt die Schadstelle an, indem es sich rasch auf dem Wasser ausbreitet und durch die Sogwirkung der undichten Stelle angezogen wird.

Neu auf dem Markt ist ein Reparaturset, der es dem Teichbesitzer ermöglicht, kleinere Reparaturen unter Wasser bzw. im Feuchtbereich vorzunehmen. Kleine Beschädigungen auf PVC-Folien, wie Risse oder kleine Löcher, können damit problemlos behoben werden. Das Set besteht aus einem Kleber und der Verpackung, die gleichzeitig das Flickmaterial ist. Zur Reparatur muß die Folie gut gereinigt werden und der Flicken dünn mit dem Kleber eingestrichen werden. Er kann dann sofort auf die beschädigte Stelle gesetzt werden. Nach Ablauf von zwei Stunden ist die Stelle voll belastbar. Der sehr agressive Kleber sollte nicht mit der Haut in Berührung kommen.

Pflanzenschutz am Gartenteich

Wie bei allen Pflanzen, gibt es auch bei Teich- und Teichrandpflanzen gelegentlich Probleme mit Schädlingen und Krankheiten. Präventive oder direkte Schutzmaßnahmen sind leider in nur einem sehr beschränkten Maße möglich, weil Pflanzenschutz mit chemischen oder auch biologischen Präparaten gleichzeitig auch die Kleintierwelt und die Fische sehr stark schädigen kann.

Ferner bedenke man, daß ein Teich ein für sich abgeschlossenes Biotop ist und seine eigenen Regulatoren hat. Stimmt also das biologische Gleichgewicht am Teich, dann regelt sich auf Dauer gesehen vieles von alleine. Durch den sehr feuchten Standort der Sumpf- und Wasserpflanzen und auch der Stauden aus der Randbepflanzung kommt es vor allem in der Herbstzeit zu **Pilzerkrankungen**. Hierbei handelt es sich in erster Linie um Mehltaupilze, Rost und andere Blattfleckenkranheiten. Spritzungen mit Fungiziden verbieten sich von selbst. Schwefel- und Kupferpräpate sind zwar für Kleintiere weniger giftig, würden aber, wenn sie in das Wasser gelangen, den pH-Wert rasch absenken. Die einzige Gegenmaßnahme ist also das Absammeln und Entfernen von erkrankten Pflanzenteilen oder ganzen Pflanzen.

Verschiedene **Blattlausarten** suchen Wasserpflanzen und insbesondere Seerosenblätter gerne auf. Ein starker Befall der schwarzen Bohnenblattlaus kann dazu führen, daß ganze Pflanzenpartien der Seerose innerhalb kürzester Zeit absterben. Zur Bekämpfung eignet sich am besten ein Sprühkopf, der an einem Wasserschlauch angeschlossen, den Schädling einfach abspült. Nur ein geringer Teil der Läuse wird es schaffen, wieder auf die Blätter zu gelangen, der Rest geht im Wasser unter oder wird Beute der Fische. Chemische Mittel oder auch biologische Präparate, die aus dem pflanzlichen Wirkstoff Pyrethrum gewonnen werden, sind fischgiftig. Sie sind keine Empfehlung für einen fischbesetzten Teich. Wenn man unbedingt etwas spritzen will, so eignen sich Präparate, deren Wirkstoffe auf den Kaliumsalzen von Fettsäuren basieren. Präparate dieser Art sind im Gartenfachhandel erhältlich (Neudosan). Diese Mittel schützen gleichzeitig Nützlinge und sind bienenungefährlich.

Iris- und Lilienarten werden am Wasser sehr gerne von einem Schädling heimgesucht, der sich **Lilienhähnchen** nennt. Der ziegelrote Käfer und noch mehr seine schwarzen, schnekkenförmigen Larven fressen die Blätter streifenförmig an und stören dadurch erheblich den Wuchs. Insbesondere während der Blüte verlieren die Pflanzen an Schönheit. Der Schädling tritt in den Monaten April bis Juni und nochmals im September auf. Die beste Art der Bekämpfung ist das Absammeln beider Schädlingsformen.

Taglilien werden gerne schon mal von **Gallmücken** heimgesucht. Die Larve verursacht eine Verkrüppelung der Knospen, wodurch die Blüten sich nicht mehr öffnen. Der Einsatz von systemischen Pflanzenschutzmitteln, wie er beispielsweise im Gartenbau durchgeführt wird, verbietet sich. Am besten sammelt man die befallenen Knospen ab und vernichtet sie.

Im Randbereich siedeln sich häufig **Kellerasseln** an. Man merkt dies, wenn man einmal einen Stein oder eine Platte anhebt. Kellerasseln kann man im Grunde genommen als Nützling einstufen, denn sie funktionieren als Abfallzersetzer und sind somit ein wichtiges Glied in der Kette des Bodenlebens. Leider fallen sie bei einer gewissen Überpopulation aber auch schon über Wurzeln, Knollen und Rhizome her und beeinträchtigen den Wuchs der Pflanzen. Wenn es so weit kommt, müssen Fallen mit Kartoffelstücken aufgestellt werden, die man täglich kontrolliert. Am geeignetsten dazu sind eingegrabene Joghurtbecher.

Größere Probleme können am Teichrand auch **Schnecken** bereiten. Jeder Gartenbesitzer kann ein Lied davon singen. Die beste Methode Schnecken los zu werden, ist ein abendlicher Gang an den Teich. Im Strahl einer Taschenlampe läßt sich der Schädling sehr leicht aufspüren und absammeln. Besonders lästig sind die sogenannten Nacktschnecken. Unbedenklich sind hingegen Wasserschnecken, die uns als Posthornschnecke oder Spitze Schlammschnecke bekannt sind. Sie ernähren sich hauptsächlich von abgestorbenen Pflanzen und Algen. Allerdings darf die Spitze Schlammschnecke nicht überhand nehmen, sonst werden auch junge Pflanzenteile nicht verschmäht.

Pflanzen für den Wassergarten

Typisch für den Teich ist die Vielfalt und Unterschiedlichkeit der Lebensbereiche auf oft kleinstem Raum. Sowohl zarte und konkurrenzschwache Kostbarkeiten als auch robuste und ausbreitungsfreudige Gesellen mit oft erstaunlicher Anpassungsfähigkeit finden hier ihren Lebensraum. Es ist sinnvoll den Gartenteich in verschiedene Pflanzzonen zu unterteilen (siehe Abb.). Zu den einzelnen Zonen finden sich nachfolgend Tabellen, die eine Auswahl und Orientierung im Sortiment der Wasserpflanzen ermöglichen (Quelle: Karl Wachter 1993). Da die Pflanzen sich nicht an eine sture Einteilung halten, können viele von ihnen auch in angrenzenden Bereichen verwendet werden. Dies ist ein Teil der Lebendigkeit und Faszination, die von einem Gartenteich ausgeht.

Erklärung der in den Tabellen verwendeten Zeichen

- ≃ Verlangt frischen Boden, der nie ganz austrocknen soll.
- ≅ Uferstauden für feuchten bis nassen Boden, der nie austrocknen soll.
- 〰 Sumpfstaude bis 20 cm Wasserstand, für den Spülsaum des Teiches. Pflanzen sollen mindestens mit ihren Wurzelspitzen im nassen Bereich stehen.
- ≋ Wasserstaude für die Flachwasserzone von 20 bis 40 cm Wassertiefe. Triebe und Blattmasse stehen überwiegend über der Wasserfläche.
- ⩨ Wasserpflanze der Schwimmblatt- oder Seerosenzone für einen Wasserstand von 50 cm und tiefer.
- ⇝ Ausläufertreibende, zum Wuchern neigende Pflanze, die in andere Pflanzengruppen hineinwachsen kann. Pflanzung in Gefäßen kann angebracht sein.
- ○ Für sonnige Lage.
- ◑ Halbschatten liebend oder vertragend.
- ● Liebt (verträgt) Schatten.

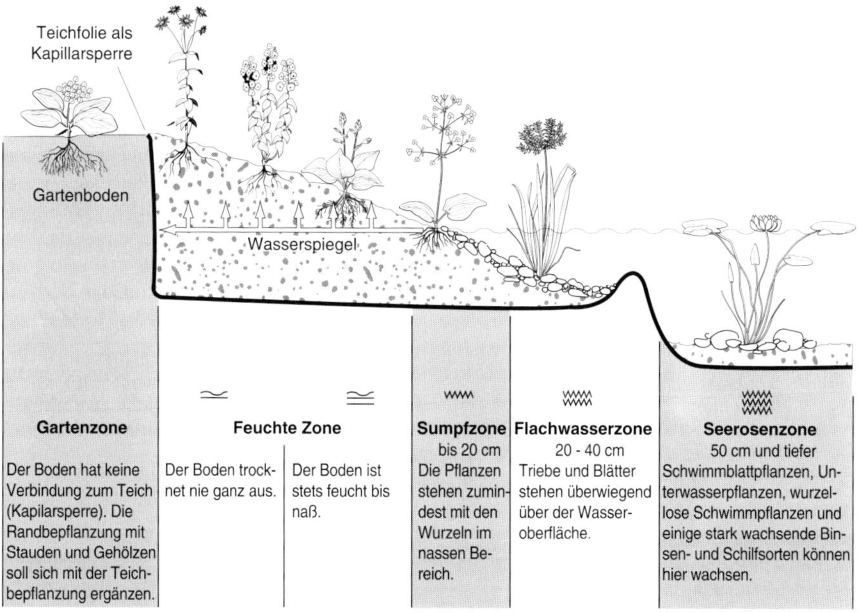

Gartenzone	Feuchte Zone ≃	Feuchte Zone ≅	Sumpfzone 〰	Flachwasserzone ≋	Seerosenzone ⩨
			bis 20 cm	20 - 40 cm	50 cm und tiefer
Der Boden hat keine Verbindung zum Teich (Kapilarsperre). Die Randbepflanzung mit Stauden und Gehölzen soll sich mit der Teichbepflanzung ergänzen.	Der Boden trocknet nie ganz aus.	Der Boden ist stets feucht bis naß.	Die Pflanzen stehen zumindest mit den Wurzeln im nassen Bereich.	Triebe und Blätter stehen überwiegend über der Wasseroberfläche.	Schwimmblattpflanzen, Unterwasserpflanzen, wurzellose Schwimmpflanzen und einige stark wachsende Binsen- und Schilfsorten können hier wachsen.

Feuchte Zone im Uferbereich

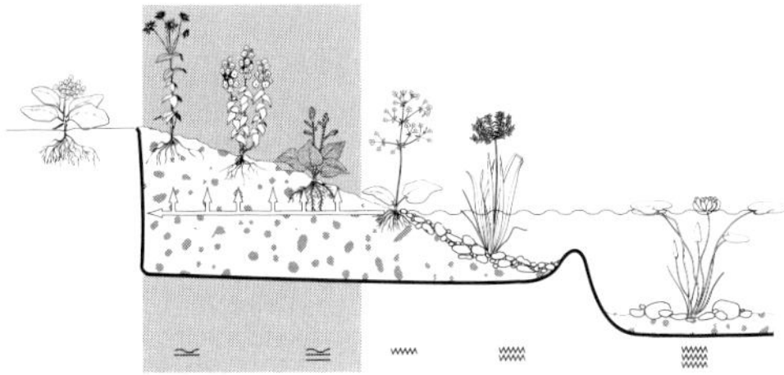

Der Standort dieser Pflanzen liegt außerhalb der eigentlichen Wasserfläche. Sie können auf feuchten Böden auch sehr gut außerhalb der Kapillarsperre im Gartenbereich verwendet werden (oder /≅). Gelegentliche Überflutungen überstehen die Pflanzen dieses Uferbereichs ohne Schaden zu nehmen, längere Trockenperioden allerdings nicht. In diesem Fall muß diese Pflanzfläche in gewissen Abständen gewässert werden.

Botanischer Name Deutscher Name	Verwendung	Blütezeit	Wuchshöhe	Blüte	Bemerkungen
Achillea ptarmica 'Schneeball' Schafgarbe	/≅ ○	VI–VII	60	weiß	Uferpflanze für jeden Bereich in Wassernähe.
Adiantum pedatum Hufeisenfarn	●		40	Farnpflanze	Für Uferbepflanzung. An Teichen im Atriumgarten außerhalb des Wasserbereichs.
Alchemilla mollis Frauenmantel	○●	VI	50	gelb	Wirkungsvoll am Uferrand in Gruppen von 3 bis 5 Stück. Verträgt Schatten und bei feuchtem Stand auch Sonne. Blüten gelb.
Arum italicum Aronstab	○●	IV–V	55	weißlich-grünrötlich	Pfeilförmige Blätter mit hellen Blattnerven. Im Herbst roter Fruchtschmuck. Giftig!
Asclepias incarnata Seidenpflanze	≅ ○	VI–VIII	100	rosa	Am Teichufer in Nachbarschaft von Gräsern.
Asplenium trichomanes Streifenfarn	≅ ○●		15	Farnpflanze	Für Bachläufe und im Mauerwerk von Wassertreppen, aber nicht im Sprühwasserbereich.
Astilboides tabularis Tafelblatt	/≅ ○	VI–VII	100	weiß	Fast waagerecht stehende, große, schildförmige Blätter. Schön am Teichufer.
Astrantia major Sterndolde	/≅ ○●	VI–VII	50–60	weiß-rosa	Samt sich leicht selbst aus.

Botanischer Name Deutscher Name	Verwendung	Blütezeit	Wuchshöhe	Blüte	Bemerkungen
Athyrium filix-femina Frauenfarn	≃/≅ ○●		80–150	Farnpflanze	Für den Schattenbereich des Ufers.
Bellis perennis Tausendschön	○	I–XII	5–10	weiß-rosa	Dauerblüher.
Caltha howellii Sumpfdotterblume	≃ ○◑	VI–VII	15–20	weiß	Für den Miniwassergarten.
Cardamine pratensis Wiesenschaumkraut	≃ ○◑	III–V	40	weiß-rosa	Für den feuchten, wiesenartigen Bereich.
Carex canescens Grausegge	≃/≅ ○●	VI–VII	40	braun	Bildet graugrüne Horste mit bräunlichen Blütenständen.
Carex grayi Morgensternsegge	≃ ○◑	VII–VIII	50	braun	Grüne, später braune und dekorative, morgensternähnliche Fruchtstände.
Chelone obliqua Schlangenkopf	≃ ○◑	VI–X	70	rosarot	Schöne Uferstaude mit großen, schlangenkopfähnlichen Blüten. 'Alba' ist eine weißblühende Form.
Dianthus superbus Prachtnelke	≃ ○	VII–IX	bis 60	blaßlila	
Dryopteris cristata Kammfarn	≃/≅ ◑		25–50	Farnpflanze	Direkt am Wasser. Verträgt zeitweise Überflutung.
Equisetum hyemale var. *robustum* Winterschachtelhalm	≃/≅ ○		150		Wintergrün. Ausläufer! Für kiesige Böden im Uferbereich des Naturteichs. Kann an günstigen Plätzen bis 2 m hoch werden.
Eriophorum angustifolium Schmalblättriges Wollgras	≃/≅ ○	IV–V	bis 50	weiß	Weiße Fruchtstände. Für moorige Böden. Wuchert, daher nur für große Anlagen.
Eupatorium cannabium Gemeiner Wasserdost	≃/≅ ○◑	VII–IX	100	rosa	Liebt nährstoffreiche, kalkhaltige Böden. 'Plenum' ist die gefüllte Form mit rötlichen Blüten.
Filipendula rubra Spierstaude	≃ ○◑	VII–VIII	150	rot	Solitärstaude. Sorten: 'Venusta', 'Venusta Magnifica'.

Botanischer Name Deutscher Name	Verwendung	Blütezeit	Wuchshöhe	Blüte	Bemerkungen
Filipendula ulmaria Mädesüß	≃/≅ ○◑	VI–VIII	120	weiß	Weit verbreitete heimische Staude. Die Art versamt sich stark. Die Sorten dagegen sind unfruchtbar. Sorten: 'Aurea', 'Plena'
Geum rivale Bachnelkenwurz	≃/≅ ○◑	IV–VII	30–60	rot	Heimisch an Quellen und Moorwiesen, deshalb vor allem für Bachläufe und Uferpartien.
Gladiolus palustris Sumpfgladiole	≃/≅ ○	V–VI	30–60	purpurrot	Trompetenähnliche purpurrote Blüten.
Helianthus salicifolius Weidenblättrige Sonnenblume	≃ ○	IX–X	200	gelb	Schöne Sonnenblume mit weidenartigen Trieben.
Iris sibirica Sibirische Iris	≃ ○	VI	80–100	blauviolett	Die blauviolette Wildform ist prädestiniert für die feuchte Wiese. Hybriden in vielen Sorten und Farben.
Lychnis flos-cuculi Kuckuckslichtnelke	≃/≅ ○	V–VII	50–70	rosarot	Zählt zu den schönsten Frühjahrsblühern. Für naturhafte Pflanzungen.
Lysimachia nummularia Pfennigkraut	≃/≅ ○◑	VI–VIII	5–10	gelb	Wichtig für Becken- und Wasserrandbepflanzung.
Lysimachia punctata	≃ ◑●	VI–VII	60–70	gelb	Am Ufer zu *Monarda*, *Lythrum*. Wuchert stark.
Lythrum salicaria Blutweiderich	≃ ○◑	VII–VIII	70–150	violett	Ausgesprochene Charakterpflanze für den Teichrand. Die reine Art verträgt sehr feuchten Stand, auch flaches Wasser. Die Sorten mögen keine stehende Nässe.
Myosotis palustris Sumpfvergißmeinnicht	≃/≅	V–VIII	20–3	blau mit gelben Augen	Verträgt zeitweise Überflutung

Botanischer Name Deutscher Name	Verwendung	Blütezeit	Wuchshöhe	Blüte	Bemerkungen
Myosotis rehsteineri Zwergsumpfvergißmeinnicht	≃ ○	IV–V	3–5	blau	Schöne Zwergart.
Petasites albus Weiße Festwurz	≃/≅ ○◑	II–IV	30–50	weiß	Schön an Bachläufen und als Uferpflanze.
Physostegia virginiana Gelenkblume	~ ○◑	VII–IX	bis 120	weiß, rosa, rot	Farbfreudige, leuchtende Uferrandpflanze.
Polygonum bistorta Wiesenknöterich	≃/≅ ○◑	V–VIII	30–70	rosa	Auf feuchten Wiesen heimisch.
Primula beesiana Terrakottaprimel	≃ ◑●	VI–VII	10–30	purpur	Verwendung an Bachläufen oder Teichufern.
Primula × bullesiana Etagenprimel	≃ ◑●	VI–VII	10–30	gelb-orange	Wertvoller Sommerblüher für Uferränder und am Bachlauf.
Primula denticulata Ballprimel	≃ ○◑	III–IV	10–30	violett, blau, weiß	Sortiment in violetten, blauen und weißen Sorten.
Primula florindae Glockenprimel	≃ ◑	VI–VII	15–50	gelb	Harte und wüchsige Teichuferart.
Primula vialii (P. littoniana) Orchideenprimel	≃/≅ ◑	VI–VII	40–50	rotviolett-purpur	Für lehmhaltige, humose Böden.
Ranunculus aconitifolius Silberhahnenfuß	≃/≅ ○	V–VII	40	weiß	Bei uns heimische Art, mit reich verzweigtem Stengel.
Ranunculus acris 'Multiplex' Gefüllter Wiesenhahnenfuß	≃ ○◑	VI–VIII	20–60	gelb	Für Uferränder an Naturteichen.
Rheum palmatum Chinesischer oder Medizinal-Rhabarber	≃ ○◑	VI–VII	bis 200	gelb	Mit schlanken Blütenrispen, schöne Uferrandstaude.
Rudbeckia laciniata 'Goldquelle' Sonnenhut	≃ ○◑	VII–IX	80	gelb	Hintergrundpflanzung am Teichrand.
Rudbeckia nitida Herbstsonne'	≃ ○	X	200	gelb	Mächtig, aber nicht wuchernd.
Sanguisorba officinalis Großer Wiesenknopf	≃/≅ ○◑	VII–VIII	50–80		Für lehmige, auch tonige Böden.

Botanischer Name Deutscher Name	Ver- wen- dung	Blüte- zeit	Wuchs- höhe	Blüte	Bemerkungen
Sisyrinchium angustifolium Binsenlilie	≃ ○◑	V–VI	15–20	violett-blau	
Stachys palustris Sumpfziest	≃/≅ ○◑	VI–IX	80–100	violett	Vielfach in nassen Wiesen und auf Äkkern verbreitet. Für den Naturgarten.
Symphytum officinalis Beinwell	≃ ○◑	VI–VII	50–60	violett, purpur, gelb	Für feuchte Wiesen.
Thalictrum aquilegifolium Wiesenraute	≃ ○◑	VI–VII	120	lilarosa, weiß	Mit schönem Blattwerk und lockeren Blütenständen, für den Uferrand und den Gehölzbereich.
Trollius chinensis 'Golden Queen'	≃ ○◑	VI–VII	80–90	gelb	Schalenförmige goldgelbe Blüten. Für den Uferrand.
Trollius europaeus Trollblume	≃/≅ ○◑	V–VI	40–50	gelb	Staude der heimischen Feuchtwiesen.
Valeriana dioica Sumpfbaldrian	≃/≅ ○◑	V–VI	20	rosa	Schön mit *Caltha, Calla, Myosotis palustris,* für den Uferrand und den Bachlauf.
Valeriana officinalis Gemeiner Baldrian	≃ ○◑	VI–VIII	100	rosa-weiß	Für den Uferrand und für die feuchte Wiese.
Veronica filiformis Ehrenpreis	≃/≅ ○◑	V–VIII	5–10	blau	Kann sich auch zwischen Gräsern rasenartig ausbreiten.
Veronica longifolia Wasserehrenpreis	≃ ○◑	VI–VIII	50–60	blau	Gartensorten in hellen und dunkleren Blautönen und in Weiß.
Viola palustris Sumpfveilchen	≃/≅ ○◑	IV–VI	15	lila	Kalkfliehende Art für Sumpfhumusböden.

Sumpfzone (0–20 cm)

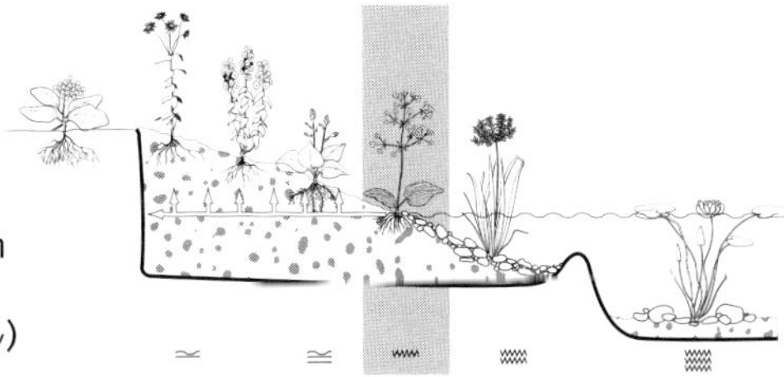

Die Pflanzen dieser Tabelle wachsen im Spülsaum der Teiche (± 10 cm vom Wasserspiegel). Viele können sich wechselnden Wasserständen recht gut anpassen und wachsen auch im feuchten Uferbereich (≅/〰) oder im tieferen Wasser (〰/≋). Sie können dann auch gut in diesen Bereichen verwendet werden.

Botanischer Name Deutscher Name	Verwendung	empfohlene Wassertiefe (cm)	Wuchshöhe (cm)	Blütenfarbe	Blütezeit	Bemerkungen
Acorus calamus Kalmus	〰/≋	bis 20	60	gelblichgrün	VI–VII	Sehr starkwüchsig, deswegen nur für größere Anlagen geeignet.
Acorus calamus 'Variegatus' Buntkalmus	〰/≋	10–20	60	gelblichgrün	VI–VII	Form der vorherigen Art mit längsgestreiften, schmalen Blättern. Empfehlenswert.
Alisma lanceolatum Lanzettblättriger Froschlöffel	〰	10–20	60	rosa	VI–IX	Wuchs etwas schwächer als der übliche Froschlöffel.
Apium repens Wassersellerie	≅/〰	0–10	10–30	weiß	VII–VIII	Geschützte Pflanze für naturhafte Pflanzungen. Bildet Teppiche.
Caldesia parnassifolia	〰/≋	5–30	20–40	weiß	VII–IX	Hübsche weiße Blüten, die denen des Froschlöffels ähneln.
Calla palustris Sumpfkalla, Schlangenwurz, Drachenwurz	〰/≋	15	30	weiß	VI–VII	Heimisch und streng geschützt. Auch für den Schatten geeignet. Für die Pflanzung im Uferbereich des Teiches. Früchte sind giftig.

Botanischer Name Deutscher Name	Verwendung	empfohlene Wassertiefe (cm)	Wuchshöhe (cm)	Blütenfarbe	Blütezeit	Bemerkungen
Caltha palustris Sumpfdotterblume	≃/〰	bis 10	30–50	gelb	III–V	Verträgt auch Schatten. Typische Uferrandpflanze. Gehört mit zu den frühesten Blühern des Wassergartens.
Caltha palustris 'Multiplex'	≃/〰	0–10	20	gelb	III–IV	Gefüllte Form, blüht früh.
Caltha palustris var. *alba*	≃/〰	0–5	10–15	weiß	IV–V	Weiße, einfache Blüte.
Chrysoplenium alternifolium Wechselblättriges Milzkraut	≅/〰	bis 5	10	gelbgrün	IV–V	Heimische Sumpfstaude. Schattenverträglich. Für schattige Randzonen des Teiches.
Cyperus longus Langes Zypergras	〰/≋	20	100	braun	VI–VII	Gehört zu den attraktivsten Pflanzen des Wassergartens. Die bräunlichen Blütenköpfe stehen in lockeren Rispen. Für Einzelstellung im Flachwasserbereich geeignet.
Euphorbia palustris Sumpfwolfsmilch	〰	bis 5	100	gelbe Brakteen	V–VI	Geschützte Pflanze. Im Herbst sich rot verfärbend.
Hydrocotyle vulgaris Gemeiner Wassernabel	≅/〰 〰→	bis 10	10	weißrosa	VI–VIII	Benötigt sauren Boden und weiches Wasser. Kriechende Wuchsform, schattenverträglich. Neigt zum Wuchern.

Botanischer Name Deutscher Name	Verwendung	empfohlene Wassertiefe (cm)	Wuchshöhe (cm)	Blütenfarbe	Blütezeit	Bemerkungen
Iris laevigata Sumpfiris	〰/≋	20	60–80	blau, gelber Mittelstreifen	VII–VIII	Diese Art kann das ganze Jahr über im flachen Wasser stehen. Nicht so wuchskräftig wie *I. pseudacorus*. Vortrefflich für den Wassergarten. Einige Sorten in weiß, lila, rosa.
Iris versicolor Amerikanische Sumpfiris	〰/≋	bis 20	60	violett	VI–VII	Willig im Flachwasser wachsend und blühend. Läßt sich an vielen Plätzen des Wassergartens einfügen.
Juncus ensifolius Zwergbinse	〰	bis 10	25–30	schwarzbraun	VI–VIII	Dankbare Art.
Juncus inflexus (J. glaucus) Blaugrüne Binse	≃/〰	10	40–60	schwarzbraun	VII–VIII	Blaugrüne Stengel, bildet dichte, wintergrüne, straff aufrechte Horste. Wächst längst nicht so stark wie *J. effusus*. Empfehlenswerte Art. Liebt lehmigen Boden.
Littorella uniflora Strandling	〰/≋ 〰→	bis 20	10	weiß	VI–IX	Besonders für kleine Teiche. Bildet an den Ausläufern Jungpflanzen.
Lobelia siphilitica	≅/〰	bis 10	40–80	hellblau	VII–IX	Die Art ist hart und anspruchslos, wächst auch außerhalb des Teiches in nicht zu trockener Erde.

Botanischer Name Deutscher Name	Verwendung	empfohlene Wassertiefe (cm)	Wuchshöhe (cm)	Blütenfarbe	Blütezeit	Bemerkungen
Lobelia × speciosa	≅/ᨓ	bis 10	60–80	rot	VII–VIII	Rote, rosarote und purpurfarbene Hybriden. Lehmiger Boden und ausreichend Feuchtigkeit und Dünger sind für die Entwicklung nötig.
Lotus uliginosus Sumpf-Hornklee	ᨓ ᨓ›	bis 20	60	rot-gelb	VI–VII	Im Wasser aufrecht wachsend, am Ufer waagrecht. Geeignet für die Abdeckung von Beckenrändern. Benötigt kalkfreies Wasser.
Luronium natans (Alisma natans) Schwimmlöffel, Flutender Froschlöffel	ᨓ ᨓ	10–20	20–35	weiß	V–VIII	Bildet an Ausläufern bewurzelte Jungpflanzen, die weite Flächen bedecken können. Eine hübsche, seltene, empfehlenswerte Art. Sie liebt weiches Wasser.
Lysimachia thyrsiflora Straußgoldfelberich	ᨓ	bis 30	30–50	gelb	V–VII	Heimisch an Seeufern und Gewässern. Die Pflanze bildet reichlich Ausläufer, Gefäßpflanzung ist angebracht.
Lythrum salicaria Blutweiderich	≅/ᨓ	bis 20	50–100	violett	VII–IX	Heimische, stattliche Art.
Mentha aquatica Wasserminze	ᨓ ᨓ›	10	30–50	blaßviolett	VII–X	Die Pflanze neigt zum Wuchern, deswegen besser in Pflanzkörbe setzen.
Mimulus cupreus Gauklerblume	≅/ᨓ ᨓ›	bis 10	6–20	rot bis gelb	V–VII	Lockerrasig wachsend. Einige Sorten.

Botanischer Name Deutscher Name	Verwendung	empfohlene Wassertiefe (cm)	Wuchshöhe (cm)	Blütenfarbe	Blütezeit	Bemerkungen
Mimulus luteus Gauklerblume	≅/〰	bis 10	20–25	gelb	VI–IX	Dauerblüher des Wassergartens, sehr anspruchslos. Wächst im Uferbereich, sogar auf trockenem Standort. Sät sich meist reichlich aus.
Mimulus ringens Blaue Glaukerblume	≅/〰	bis 10	60–70	blauviolett	VI–VII	Aufrechtwachsende Art.
Nasturtium officinale Brunnenkresse	〰 〰→	bis 20	50	weiß-lila	V–IX	Heimisch, Wasserpflanze in fließenden Bächen und Quellen. Verlangt kühles, sauberes Wasser mit Sand- oder Schlammuntergrund.
Peltandra virginica Virginisches Pfeilblatt	〰/≋	20	30–40	grünlichgelb	IV–VI	Verträgt halbschattigen Standort und liebt nährstoffreichen Boden.
Phragmites australis 'Variegatus' (P. australis 'Striatopticus' Schilfrohr	≅/〰	10	120–150		II	Gelbgrüne, längsgestreifte Blätter. Wuchert nicht so wie die Wildart, blüht wenig oder gar nicht.
Pontederia cordata Hechtkraut	〰/≋	20	50–60	blau	VI–VII	Eine wichtige und schöne Pflanzenart.
Ranunculus flammula Brennender Hahnenfuß	〰	10	30—50	gelb	VI–IX	Giftig. Kommt als Landform wie auch als Schwimmblattform vor. Lockere Blütenkissen mit kleinen, zahllosen gelben Blüten, Dauerblüter.

Botanischer Name Deutscher Name	Verwendung	empfohlene Wassertiefe (cm)	Wuchshöhe (cm)	Blütenfarbe	Blütezeit	Bemerkungen
Scirpus sylvaticus Strandsimse	≅/〰	10	50–60	braun	VI–VIII	Lange, fast wintergrüne Halme. Heimisch. Ausladender Blütenstand über den Blättern. Verträgt Schatten.
Solanum dulcamara Bittersüßer Nachtschatten	≅/〰	0–20	80–100	violett	VI–IX	Giftig, wächst sowohl auf trockenen Standorten, wie im flachen Wasser. Triebe bis zu 3 m.
Typha minima (T. gracilis, T. martini) Kleiner Rohrkolben	〰	10–20	60	braun	VI–IX	Zierliche Art, auch für kleine Teiche geeignet.
Veronica beccabunga Bachbunge	〰	0–10	20–30	blau	V–VI	Breitet sich am Ufer oder im flachen Wasser aus. Heimisch an Bächen und Quellen.

Alle Pflanzzonen in und um den Wassergarten sind hier mit den entsprechenden Pflanzen vertreten. ▷

Flachwasserzone (20–40 cm)

Die Triebe und Blätter dieser Pflanzen stehen überwiegend über der Wasserfläche. Einige der Arten wachsen eher in die flacheren Bereiche hinein (〰/≋), einige, besonders die sehr stark wachsenden und hoch werdenden Arten, auch in das tiefere Wasser (≋/≋≋).

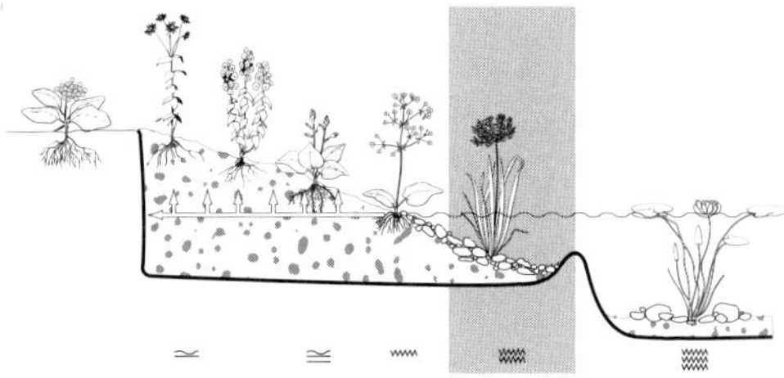

Botanischer Name Deutscher Name	Verwendung	empfohlene Wassertiefe (cm)	Wuchshöhe (cm)	Blütenfarbe	Blütezeit	Bemerkungen
Alisma gramineum Grasblättriger Froschlöffel	≋/≋≋	40–50	80	weiß bis rosa	VII–IX	Nur winterhart bei einem Mindestwasserstand von 30 bis 40 cm.
Alisma plantago-aquatica Gewöhnlicher Froschlöffel	〰/≋	20–30	80	rosa	VI–IX	Kann sich durch reiche Selbstaussaat stark vermehren. Blütenrispe 80 cm, auch höher. Auch der Fruchtstand ist sehr dekorativ.
Baldellia ranunculoides Igelschlauch	〰/≋	20–40	50	weiß bis rosa	VI–VIII	Geschützte Pflanze. Überwinterung im tiefen Wasser bei 30 bis 40 cm. Sät sich willig selbst aus.
Butomus umbellatus Blumenbinse, Schwanenblume	≋	20–30	80–150	rosa-rot	VI–VII	Geschützte Pflanze. Die Art liebt nährstoffhaltigen Boden. In Pflanzengefäßen entwickeln sie sich nicht zufriedenstellend. Eine der schönsten Wasserpflanzen.

Botanischer Name Deutscher Name	Verwendung	empfohlene Wassertiefe (cm)	Wuchshöhe (cm)	Blütenfarbe	Blütezeit	Bemerkungen
Glyceria maxima 'Variegata' Wasserschwaden	〰/≋ ⇝	bis 30	40–50	weiß	VII–VIII	Ausgepflanzt stark wuchernd, daher besser im Behälter. Dekorative längsgestreifte Blätter.
Hippuris vulgaris Tannenwedel	〰/≋ ⇝	20–30	30	unscheinbar	VII–VIII	Eine sehr schöne, interessante Wasserpflanze, die, einmal Fuß gefaßt, sich durch Ausläufer stark vermehrt. Im tieferen Wasser als Unterwasserpflanze wachsend.
Hottonia palustris Wasserfeder, Wasserprimel	≋	ab 20	30	zartrosa	VI–VII	Nur mäßig kalkverträglich. Wintergrüne, schön blühende, schattenverträgliche Art. Triebe und Blätter bleiben unter der Wasseroberfläche. Nur die Blütenstände ragen heraus.
Iris pseudacorus Wasserschwertlilie, Sumpfiris	〰/≋	bis 40	80–100	gelb	V–VII	Die heimische Art neigt zum Wuchern, ist deshalb nicht für kleine Gartenteiche und Wassergärten geeignet. Sorten zeigen sich verträglicher.
Orontium aquaticum Goldkeule, Goldkolben	≋/≋	30–40	bis 50	gelb	V–VI	Braucht tiefgründigen Boden (bis 35 cm).
Phragmites australis Schilfrohr	≋/≋ ⇝	20–40	250	grauweiß	VI–VIII	Bei hohem Nährstoffangebot überaus hoch wachsend. Pflanzung in Behältern.

Botanischer Name Deutscher Name	Verwendung	empfohlene Wassertiefe (cm)	Wuchshöhe (cm)	Blütenfarbe	Blütezeit	Bemerkungen
Pontederia lanceolata Hechtkraut	≋/≋≋ ⇝	30–50	bis 150	hellblau	VI–VIII	Straff aufrecht wachsende, schöne Solitärpflanze. Stärker wachsend als *P. cordata*.
Ranunculus lingua Zungenhahnenfuß	≋ ⇝	20–30	120–150	gelb	VI–IX	Bildet unterirdische Ausläufer, abgerissene Pflanzenteile bewurzeln sich. Eine schöne, aber giftige Wasserpflanze für große Teiche. Pflanzung in Behältern ist anzuraten.
Sagittaria graminea Grasblättriges Pfeilkraut	≋/≋≋	40–60	80	weiß	VI–VIII	Im flachen Wasser ist die Pflanze frostgefährdet. Auch für kleinere Teiche.
Sagittaria sagittifolia Heimisches Pfeilblatt	≋	30–40	60–80	weiß-rosa	VI–VIII	Bekannte heimische, vorwiegend an Flußufern wachsende Art, typische pfeilförmige Blätter. Verträgt relativ große Wasserstandsschwankungen. Auch für kleinere Teiche.
Sagittaria subulata Schwimmendes Pfeilblatt	≋/≋≋ ⇝	30–40	50	weiß-rötlich	VI–VIII	Eine schnellwüchsige Art, die durch zahlreiche Ausläufer im Laufe der Zeit dichte Bestände bildet. Überwinterung ist bei mindestens 30 bis 40 cm Wassertiefe problemlos.

Botanischer Name Deutscher Name	Verwendung	empfohlene Wassertiefe (cm)	Wuchshöhe (cm)	Blütenfarbe	Blütezeit	Bemerkungen
Scirpus lacustris (Schoenoplectus lacustris) Teich- oder Seesimse	≈/≋ ⤳	50	200	braun	VI–VII	Dekorative, aber sich stark ausbreitende Pflanze, auch Binse genannt. Um ein Umherwuchern zu vermeiden, in Behälter pflanzen. Nur für sehr große Teiche.
Scirpus lacustris 'Albescens' Weiße Seesimse	≈/≋	30–50	200	braun	VI–VII	Die Blätter sind weißlich-grün. Sie ist nicht so wuchernd wie die Art und deshalb eine eher empfehlenswerte Wasserpflanze. In Behälter pflanzen.
Scirpus lacustris ssp. *tabernaemontani* 'Zebrinus' Zebrasimse	≈/≋	20–30	bis 120	braun	VI–VIII	Blätter lebhaft gelb-weiß quergestreift. Auffallende Pflanze.
Sparganium emersum (S. simplex) Einfacher Igelkolben	≈	20–30	30–50	unscheinbar	V–VII	Starker Ausbreitungsdrang, für größere Teiche. Dekorative Fruchtstände.
Sparganium erectum (S. ramosum) Ästiger Igelkolben	≈/≋ ⤳	30–40	100–150	unscheinbar	VI–VII	Starkwachsende, ausläufertreibende Art. Bei nährstoffreichem Standort auch in Tiefen bis 1 m wachsend. Verträgt auch Schatten. Nur in sehr großen Anlagen. Dekorative Fruchtstände.

Botanischer Name Deutscher Name	Verwendung	empfohlene Wassertiefe (cm)	Wuchshöhe (cm)	Blütenfarbe	Blütezeit	Bemerkungen
Typha angustifolia Schmalblättriger Rohrkolben	≋	40–60	150–250	braun	VI–VIII	Die einzige Rohrkolbenart, die auch im tiefen Wasser ab 50 cm gehalten werden kann. Höhe bis zu 250 cm.
Typha latifolia Breitblättriger Rohrkolben	〰/≋ 〰→	20–30	200	braun	VI–VIII	Starker Ausbreitungsdrang, für größere Teiche.
Typha laxmannii (T. stenophylla) Lockerer Rohrkolben	〰/≋	20–30	140–180	braun	VI–VIII	Blätter schmal, die Kolben nur 5 cm lang. Empfehlenswert.

Seerosenzone (ab 50 cm)

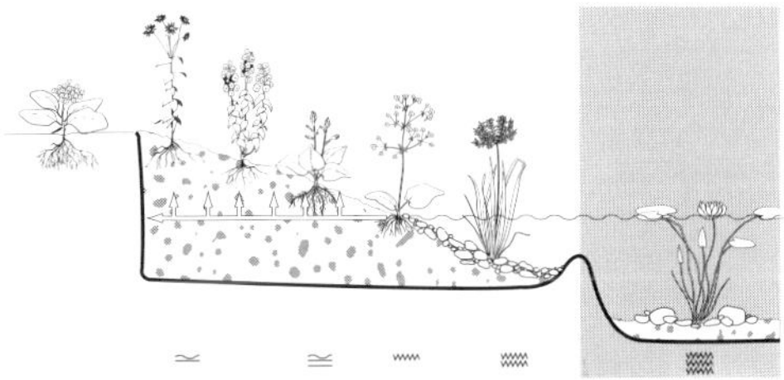

Die Pflanzen dieser Zone haben sich auf sehr vielfältige Weise an ihren Lebensraum angepaßt. Die **Schwimmblattstauden** (Seerosen siehe eigene Liste) wurzeln im Teichgrund und ihre oft sehr dekorativen Blätter liegen auf dem Wasser. Einige wachsen im flacheren Wasser aufrecht, während sie im tieferen Wasser Schwimmblätter ausbilden. Blätter und Triebe der **Unterwasserpflanzen** wachsen unter der Wasseroberfläche. Häufig ragen nur die Blütenstände heraus. Aber auch hier gibt es Arten, deren Anpassungsfähigkeit es ihnen erlaubt im flacheren Wasser aufrecht und aus dem Wasser heraus zu wachsen. Sie sind wichtige Sauerstofflieferanten für den Teich. Neben den im Teichgrund wurzelnden sind auch freischwimmende Arten für die Wasserqualität bedeutsam.

Botanischer Name Deutscher Name	Verwendung	empfohlene Wassertiefe (cm)	Blütenfarbe	Blütezeit	Bemerkungen
Callitriche palustris Wasserstern	≋ ⇝	30–60	unscheinbar	VI–VII	Üppige Polster bildet diese Unterwasserpflanze. Triebe sind nadelartig beblättert.
Ceratophyllum demersum Rauhes Hornblatt	≋ ⇝		unscheinbar	IV–VI	Eine völlig wurzellose Unterwasserpflanze. Sprosse sind reich verzweigt, können meterlang werden und sich im Boden verankern
Elodea canadensis Wasserpest	≋/≋ ⇝	(50)			Die aus Nordamerika stammende Unterwasserpflanze ist ungeheuer wuchskräftig. Jedes kleine Teilstückchen wächst weiter und ergibt bald eine neue Pflanze. So kann sie schnell zur Plage werden.

Botanischer Name Deutscher Name	Verwendung	empfohlene Wassertiefe (cm)	Blütenfarbe	Blütezeit	Bemerkungen
Hydrocharis morsus-ranae Froschbiß	≈/≋	ab 30	weiß	VII–VIII	Schwimmpflanze mit rundlichen, herzförmigen Blättern. Aus der Basis der Blattrosette kommen Wurzeln, die sich im flachen Wasser verankern können.
Lemna trisulca Dreifurchige Wasserlinse	≋			V–VI	Die etwa 1 cm großen Blättchen schwimmen dicht an der Oberfläche. Im Gegensatz zu den anderen Wasserlinsen ist sie nützlich, da sie assimiliert und der Mikrofauna Lebensmöglichkeit bietet. Sie wird nie lästig und wuchert nicht.
Myriophyllum spicatum Tausendblatt	≋ ⁓	ab 30	rosa	VI–VIII	Starkwüchsige Unterwasserpflanze. Zur Blütezeit stehen die unscheinbaren Blütenstände über dem Wasser.
Nitella flexilis Armleuchtergewächs	≋	ab 30			Wurzelloses, immergrünes Algengewächs. Bevorzugt sauerstoffreiches Wasser. Verankert sich mit wurzelartigen Organen im Bodengrund.
Nuphar advena Amerikanische Teichrose	≈/≋	30–100	gelb	V–VIII	Im flachen Wasser bildet sie Büsche bis zu 1 m. Ab 70 cm Wassertiefe bildet sie nur noch Schwimmblätter. Nicht so anspruchsvoll wie die Seerosen, aber sehr starkwachsend. Nur für große Teiche.
Nuphar japonica Japanische Teichrose	≈/≋	50–80	gelb	V–VIII	Kann auch noch in tieferem Wasser (bis über 1 m) stehen. Blüten im Verblühen mit rotem Blütenboden. Starkwachsend.

Botanischer Name Deutscher Name	Verwendung	empfohlene Wassertiefe (cm)	Blütenfarbe	Blütezeit	Bemerkungen
Nuphar lutea Gelbe Teichrose	≋	100	gelb	VI–VIII	Die starkwachsende, heimische Art entwickelt sich in beschatteten Teichen besser als dic anspruchsvolleren Seerosen. Außerdem verträgt sie auch bewegtes und kühles Wasser. Gepflanzt wird *Nuphar lutea* wie Seerosen.
Nuphar polypetala Nordamerikanische Teichrose	≋/≋ 〰	80–120	gelb	V–VIII	Größer und robuster als *N. lutea*. Sehr starkwachsend.
Nuphar pumila (N. minima) Kleine Teichrose, Zwergmummel	≋/≋	20–60	gelb	V–VIII	Etwas kleiner und schwächer wachsend als *N. lutea*. Heimisch.
Polygonum amphibium Schwimmknöterich	≋ 〰	30–100	rosa	VI–VII	Schöne Blütenähren, bildet Ausläufer. Ist auch in der Lage Landformen zu bilden. Ab 30 cm Wassertiefe bildet sie Schwimmblätter.
Potamogeton crispus Krauses Laichkraut	≋	30–40	weiß	VI–IX	Mit seinen welligen, krausen Blättern sehr ansehnlich. Heimische Unterwasserpflanze.
Potamogeton natans Schwimmendes Laichkraut	≋ 〰	80	weiß	VI–IX	Bildet Schwimmblätter, Blüten stehen über der Wasserfläche. Wuchert stark, daher Pflanzung nur in Behältern.
Ranunculus aquatilis Wasserhahnenfuß	≋ 〰	50–60	weiß	VI–IX	Bildet rundliche, nierenförmige Schwimmblätter und große, weiße Blüten. Gut für die Reinhaltung des Wassers. Breitet sich in frischen Böden stark aus.

Botanischer Name Deutscher Name	Verwendung	empfohlene Wassertiefe (cm)	Blütenfarbe	Blütezeit	Bemerkungen
Ranunculus circinatus Spreizender Hahnenfuß	≋ ⇝	5–60	weiß	VI–IX	Bildet keine Schwimmblätter. Die Blüten sind weiß, langgestielt, über dem Wasser stehend. Die Art paßt sich schwankendem Wasserstand an und kann Landformen bilden.
Riccia fluitans Wasserlebermoos	≋				Heimisches auf oder dicht unter der Wasseroberfläche schwimmendes, blaugrünes Moos. Bildet auch Landformen.
Stratiotes aloides Krebsschere, Wasseraloe, Wassersäge	≋		weiß	V–VI	Im Sommer frei schwimmende Rosettenpflanze, die sich, wo sie es kann, auf dem Grund mit ihren Wurzelspitzen verankert.
Trapa natans Wassernuß	≋	60–80	weiß	VI–VIII	Schwimmblattpflanzen mit in Rosetten angeordneten Blättern. Wie an einem Ankerseil ist sie am Bodengrund eingewurzelt. Die Art ist einjährig und liebt nährstoffreiches, jedoch kalkfreies Wasser.
Utricularia vulgaris Wasserschlauch	≋/≋	30–50	gelb	VI–VII	Freischwimmende Unterwasserpflanze. Mit vielen Fangbläschen ausgerüstet, in der Lage, kleine Wassertiere zu fangen und sich davon zu ernähren. Für kalkarme, moorige Gewässer.

Seerosen				
Nymphaea Arten und Sorten	Empfohlene Wassertiefe	Blütenfarbe	Wüchsigkeit	Bemerkungen
Weißblühende Seerosen				
N. alba	80–120	reinweiß	sehr stark	Heimische Seerose, unter Naturschutz.
– 'Minor'	40–60	reinweiß	schwach	Zwergform von *N. alba.*
'Hermine'	50–80	reinweiß	mittel	Sternförmige Blüten.
'Marliacea Albida'	50–80	reinweiß	mittel	Eingewachsene Pflanzen vertragen auch über 1 m Wasserstand.
N. pygmaea 'Alba'	20	reinweiß	schwach	Für kleine, flache Becken, wohlriechend.
N. tuberosa 'Gladstoniana'	60–100	reinweiß	sehr stark	Verträgt auch einen noch tieferen Wasserstand, eingewurzelte Pflanzen bis 2 m.
– 'Pöstlingberg'	60–100	reinweiß	sehr stark	Siehe *N. tuberosa* 'Gladstoniana'.
– 'Richardsonii'	80–100	reinweiß	sehr stark	Kugelige Blüte, voll gefüllt.
Rosa blühende Seerosen.				
'Anna Epple'	40–60	kräftig rosa	mittel	Blühwillig. Die Einzelblüte hält sich verhältnismäßig lange.
'Laydekeri Lilacea'	30–40	lilarosa, innen karmin	schwach	Zwergseerose für flachen Wasserstand.
'Marliacea Rosea'	50–80	zartrosa	stark	Eingewachsene Pflanzen vertragen auch über 1 m Wasserstand.
'Masaniello'	40–60	rosarot		Tassenförmige, runde Blüten.
'Mme. Wilfron Gonnère'	40–60	reinstes rosa	mittel	Kugelige Blüten, voll gefüllt.
N. odorata 'Rosennymphe'	40–70	hell rosa	stark	Wüchsig, doch auf Umpflanzschock achten.
'Princess Elizabeth'	40–60	cyclamenrosa	schwach	Sehr zierlich.
N. tuberosa 'Rosea'	30–40	fleischfarben rosa	schwach	Ideal für kleine Teiche.
Rot blühende Seerosen.				
'Atropurpurea'	40–60	dunkel karminrot	mittel	Einheitliche Farbe.
'Attraction'	50–80	granatrot	stark	Tulpenförmige Blüte.

Nymphaea Arten und Sorten	Emp fohlene Wassertiefe	Blütenfarbe	Wüchsigkeit	Bemerkungen.
'Charles de Meurville'	60–100	weinrot	stark	Wüchsig, doch auf Umpflanzschock achten.
'Ellisiana'	30–40	dunkelrot	schwach	Hellt im Verblühen auf.
'Escarboucle'	50–70	rubinrot	stark	Eine der schönsten dunkelroten Sorten.
'Froebelii'	30–40	karminrot		Für kleine, flache Teiche.
'Gloriosa'	40–60	johannisbeerrot	mittel	Blütenform ähnlich wie 'Masaniello'.
'James Brydon'	40–60	kirschrot	mittel	Reich und lange blühend.
'Laydekeri Fulgens'	30–40	weinrot	schwach	Zwergseerose für flachen Wasserstand.
'Laydekeri Purpurata'	30–40	karmin, außen hell	schwach	Zwergseerose für flachen Wasserstand.
'Mme. Mce. Laydeker'	30–40	hell- bis dunkelkirschrot		Für kleine Becken oder Schalen.
'Maurice Laydeker'	30–40	orange bis kirschrot	schwach	Zwergseerose für kleine Becken.
'Newton'	40–60	zinnoberrot		Sternförmige Blüten.
'René Gérard'	50–80	karminrot	stark	Wüchsige rote Sorte.
Gelb bis kupferfarben blühende Seerosen.				
'Colonel A. J. Welch'	60–100	gelb	sehr stark	Blühwilligkeit hält sich in Grenzen.
'Marliacea Chromatella'	50–80	leuchtend gelb	stark	Eingewachsene Pflanzen vertragen auch über 1 m Wasserstand.
N. odorata 'Sulphurea'	60–80	schwefelgelb	stark	Verlangt warmen Standort, wüchsig, doch auf Umpflanzschock achten.
N. pygmaea 'Helvola'	20	hellgelb	schwach	Kleinste gelbe Seerose, frostempfindlich.
'Sioux'	50–60	kupfergelb–orange	mittel	Verlangt warmen Standort, wüchsig, doch auf Umpflanzschock achten.
'Sunrise'	50–60	schwefelgelb	stark	Verlangt warmen Standort, wüchsig.

Der an den Teich angrenzende Gartenbereich

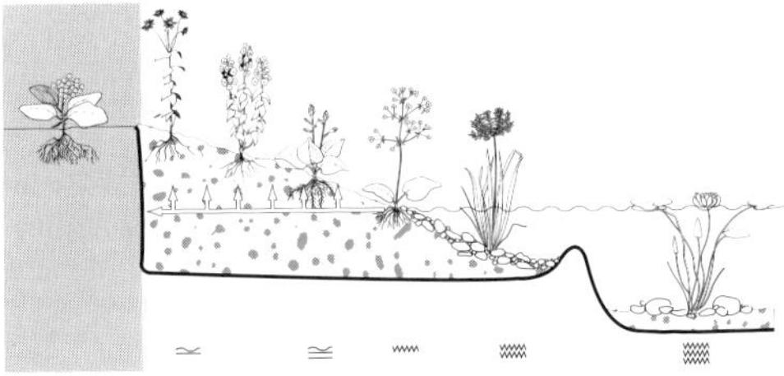

Die Pflanzen dieser Tabelle schaffen einen guten Übergang zu den trockenen Gartenbereichen. Sie stehen außerhalb der Kapillarsperre, sind also vom Teichwasser strikt getrennt. Auch für die Bepflanzung im Randbereich von Fertigbecken finden sich hier geeignete Pflanzen.

Botanischer Name Deutscher Name	Blütezeit	Wuchshöhe (cm)	Standort	Blütenfarbe	Bemerkungen
Ajuga reptans Günsel	IV–V	15	◑ ●	blau	'Atropurpurea' rotlaubige Sorte mit blauen Blütenkerzen. Bodendecker.
Alchemilla mollis Frauenmantel	VI	30–40	◑	gelb	Schöne Blätter und Blütenstände. Zuverlässig.
Aruncus dioicus Waldgeißbart	VII–VIII	150–180	○●	weiß	Heimische Großstaude.
Bergenia cordifolia Riesensteinbrech	III–V	40–60	○ ●	hell-dunkelrosa	Wintergrün. Viele Sorten.
Astilbe Prachtspiere	VI–IX	30–120	◑	weiß, rosa, rot	Viele Arten und Sorten.
Brunnera macrophylla Kaukasus-Vergißmeinnicht	IV–V	40–50	◑ ●	blau	Vergißmeinnichtähnliche Blüten. Schön zu Astilben.
Cimicifuga Silberkerze	VIII–IX	150–180	◑ ●	weiß	Braucht Platz, um zur Wirkung zu kommen.
Eupatorium rugosum 'Braunlaub' Wasserdost	VIII–IX	120	○ ◑	weiß	Weißer Blütenstand, dunkle Blätter.
Filipendula vulgaris Spierstaude	VI–VII	5–30	○ ◑	weiß	
Gentiana asclepiadea Schwalbenschwanzenzian	VII–IX	40	○ ◑	blau	Schöner heimischer Enzian.
Hemerocallis-Hybriden Taglilie	VI–VIII	50–120	○ ◑	gelb, braun, rot	Viele Sorten. Dankbare, vielseitig verwendbare Blütenstaude.

Botanischer Name Deutscher Name	Blüte- zeit	Wuchs- höhe (cm)	Stand- ort	Blüten- farbe	Bemerkungen
Hosta Funkie	VII–VIII	30–60	◑ ●	weiß- hellila	Verschiedene Arten und Sorten, grün- bis blaublättrig, gelb oder weiß gerandet oder gestreift mit weißen oder hell-lila Blütentrauben.
Inula magnifica Alant	VII–VIII	200	○	gelb	Großstaude für Einzelstellung.
Iris-Spuria-Hybriden	VII	80–100	○	gelb, braun, weiß u. a.	Gelbe, braune, weiße und broncefarbene Blüten, teils mit bläulicher Einfärbung. Oft mehrfarbig.
Ligularia dentata Kreuzkraut	VII–IX	120	○–◑	gelb	Große herzförmige Blätter, einige Sorten.
Lychnis viscaria 'Plena' Pechnelke	V–VII	15–40	○	karminrot	Gefüllte Blüten.
Lysimachia clethroides Felberich	VII–IX	70	○ ◑	weiß	Leicht gebogene Blütenähren.
Physostegia virginiana Etagen-Erika, Gelenkblume	VIII–IX	60–90	○	weiß, rosa	Verschiedene Sorten mit weißen und rosaroten Lippenblüten.
Potentilla recta 'Warrensis' Fingerkraut	VI–VIII	40	○		Leuchtend gelber Dauerblüher.
Rodgersia Schaublatt	VI–VII	60–120	◑ ●	weiß	Verschiedene Arten und Sorten. Dekorative Blattschmuckstauden mit weißen Blütenrispen.
Tradescantia × *andersoniana* Dreimasterblume	VI–VIII	40–60	○ ◑	blau, weiß, violett, rot	Verschiedene Sorten mit enzianblauen, weißen, violetten und karminroten Blüten.
Winterharte Schmuckgräser					
Arundo donax Pfahlrohr		200–300	○		Schilfartige Blätter von 40–60 cm Länge. Bambusähnliches Schmuckgras mit graugrüner Belaubung, ohne Blüten. Winterschutz erforderlich.

Botanischer Name Deutscher Name	Blütezeit	Wuchshöhe (cm)	Standort	Blütenfarbe	Bemerkungen
Carex morrowii 'Variegata' Weißbunte Japansegge	III–V	20–30	◑ ●		Immergrün. Die dunkelgrünen Blätter haben helle Randstreifen.
Miscanthus floridulus Chinaschilf, Elefantengras		200–300	○		Schilfartiges, leicht überhängendes Laub.
Miscanthus sacchariflorus 'Robustus' Silberfahnengras	IX–XI	120/150	○		Silberweiße Blütenstände, herbstliche rotbraune Laubfärbung.
Miscanthus sinensis	IX–X	150–250	○		Dekoratives Ziergras mit zierenden Blüten, mit vielen Sorten. 'Zebrinus' mit gelblich quergestreiften Trieben.
Molinia caerulea ssp. *arundinacea* Riesenpfeifengras	IX–X	50–220	○ ◑		Ähren an langen, starren Halmen. Schöne Herbstfärbung. Verschiedene Auslesen mit grazilen, straffen oder lockeren Blütenrispen.
Panicum virgatum Rutenhirse	VII–IX	60–150	○		Sorten mit spätsommerlich rotbraun verfärbten Halmen und lockeren Blütentrauben.
Pseudosasa japonica Bambus		200	○		Stark wachsender Bambus mit breiten, lanzettlichen Blättern. Ohne Blüten. Frostschutz erforderlich.
Spartina pectinata 'Aureomarginata' Goldleistengras	VIII–IX	150	○ ◑		Dekoratives Gras mit elegant überhängenden Halmen.
Spodiopogon sibiricus Zottenrauhgras	VII–IX	150	○		Schilfähnlich belaubt, mit zierenden Ähren.
Uniola latifolia Plattährengras	VIII–X	60	○ ◑		Plattgedrückte, braune Blütenähren über zierenden Grasbüschen.

Literatur

Herkner, H.:	Rund um den Wassergarten. BLV, München 1978.
Jorek, N.:	Beispielhafte Gartenteiche. Verlag Natur und Garten 1992.
Kohle, R.:	Schöne Miniatur-Wassergärten. Verlag Eugen Ulmer, Stuttgart 1992.
Lohmann, M.:	Der lebendige Wassergarten. BLV, München 1991.
Neuenschwander, E.:	Schöne Schwimmteiche. Verlag Eugen Ulmer, Stuttgart 1993.
Polaschek, I.:	Mein kleiner Gartenteich. Falken Verlag, Niederhausen 1989.
Seegers, L.:	Teiche und Tümpel. Verlag Eugen Ulmer, Stuttgart 1987.
Stadelmann, P.:	Der Gartenteich. Gräfe und Unzer, München 1990.
Wachter, K.:	Der Wassergarten. Verlag Eugen Ulmer, Stuttgart 1993.

Bildquellen

Die Zeichnungen wurden von Helmuth Flubacher, Fellbach, nach Vorlagen des Autors gefertigt. Die Zeichnungen auf den Seiten 68, 71, 120 und 130 sind von Hannelore von Engelhard, Appen, und stammen aus dem Buch von Karl Wachter, Der Wassergarten.

Fa. Diekmann, Lehrte: Seite 84, 85 (2), 86
Günzel, W. R., Bornheim: Seite 13 unten, 98 unten, 101
Fa. Haas Garten- und Landschaftsbau, Wangen: Seite 119, 149
Hagen, P., Homburg: Fotos Umschlagrückseite, Seite 7, 10, 23, 28, 37 (2), 41 (4), 102 unten, 108 oben, 109 (2), 110 unten, 113, 115, 117, 134, 141
Redeleit, W., Bienenbüttel: Umschlagfotos klein (rechts und links oben), Seite 1, 2, 6, 15, 26, 27, 34, 40, 43, 49, 50–51 (4), 52–53 (4), 54–55 (4), 56–57 (4), 58–59 (4), 60–61 (4), 62–63 (5), 70, 72–73 (4), 74–75 (4), 76–77 (4), 78 (2), 97 (2), 99, 102 oben
Reinhard, H., Heiligkreuzsteinach: Umschlagfoto (groß), 12, 13, 18, 21, 65, 91, 98 oben, 103, 105, 107, 108 unten, 110, 132, 169, 179

Bezugsquellen

Bauer GmbH Industriegebiet Rauher Stich Postfach 74388 Talheim	PE-Fertigbecken, Biologische Pflanzenkläranlagen, Teichpflanzkörbe
Dernbach GmbH Meisselstr. 29 45476 Mühlheim/Ruhr	Teichbaumaterial aus Naturton
Diekmann GmbH & Co. KG Dia Fertigteilwerke 31275 Lehrte/OT Arpke	Teichbaumaterial aus Tonelementen
Ewald Doerken AG Abt. Bauverbundfolien 58311 Herdecke	Gitterteichfolien, PVC-Teichfolien, Erdhaftmatten, Unterlegvliese, PE-Gartenbaufolien
GENAP BV Goorsestraat 1 NL-7041 GA s'Heerenberg	verschiedene Teichfolien und Teichzubehör
Günter Böhm & Partner GFK-Formteile-Bau Marienburger Str. 10 56566 Neuwied	Künstliche Steine und Felslandschaften
Held Aquaplan 75050 Gemmingen	Erstellung von Teichplänen, Brücken und Stegen aus Holz
Heissner GmbH Schlitzerstr. 24 36341 Lauterbach	alles für den Gartenteich, insb. Pumpen und Figuren
Menting Ziegel Westricherstr. 63 46514 Schermbeck 1	Teichbaumaterial aus Tonelementen, Pflanzgefäße
Naue Fasertechnik GmbH Wartturmstr. 1 32312 Lübbecke 1	Teichfolien und Vliesstoffe

OASE PUMPEN Postfach 2069 48469 Hoerstel-Riesenbeck	Pumpen und reichhaltiges Zubehör für den Gartenteich
Patzer GmbH Einheitserde 36391 Sinntal-Jossa	Teicherde
RE-Natur GmbH Postfach 60 24601 Ruhwinkel-Wdf	verschiedene Teichfolien, Wasserpflanzen, Sumpfbeet-Kläranlagen
Sakanaya/Robert Hilble Geiselwieserstr. 2 85235 Sittenbach	Filtersysteme und Teichbauzubehör für Koi-Teiche, original japanische Kois
Sera GmbH Postfach 1466 52518 Heinsberg	Wassertests, Fischfutter, Teich-Wasserconditioner, Filter
Tetra Werke Postfach 1580 49324 Melle 1	Wassertests, Fischfutter, Teichwasser-Conditioner, Fachliteratur Gartenteich
Ubbink GmbH Postfach 2223 46499 Hamminkeln	Komplettprogramm für den Teichbau
Voss Chemie GmbH Postfach 1355 25436 Uetersen	Teichbaumaterial mit Polyester und Glasfasermatte
Werra Plastic GmbH & Co. KG 36269 Phillipsthal	PE-Teichfolien in allen Stärken
Wülfing & Hauck GmbH& Co. KG Ernst Abbestr. 2 34260 Kaufungen	Teichfolien und Teichbauzubehör, Zubehör für Gartenteiche, Teichpumpen

Register

Anregungen für Ihren Wassergarten.

Ein Teich mit Seerosen übt immer eine grosse Faszination aus. Ein blühender Lotos oder die spektakuläre Gattung „Victoria" sind der Traum aller Wassergartenfreunde. Um Seerosen mit Erfolg optimal zur Geltung zu bringen, müssen die geeigneten Sorten ausgewählt werden. Das Buch gibt anspruchsvollen Pflanzenliebhabern dabei jegliche Hilfestellung, aber auch Fachleuten, Züchtern und Produzenten, denen es darum gehen muß, daß Sorten „echt" angeboten werden.

Seerosen. *Winterharte und tropische Nymphaeaceen. K. Wachter. 1998. 189 Seiten, 83 Farbabb., 53 Zeichn. ISBN 3-8001-6635-6.*

In diesem Buch werden 120 Sumpf- und Wasserpflanzen für Teiche, Bachläufe und Tröge in Wort und Bild vorgestellt.

Wasserpflanzen für den Garten. *Die besten Sumpf- und Wasserpflanzen für den Gartenteich. W. Kircher. 1996. 160 S., 120 Farbf. ISBN 3-8001-6587-2.*

Wasser auf dem Balkon, der Terrasse oder im Wintergarten? Dieses Buch zeigt Ihnen die vielfältigen Möglichkeiten, wie Sie auf wenig Raum mit dekorativen Miniatur-Wassergärten große Wirkung erzielen können

Miniatur-Wassergärten. *R. Kohle. 3. Auflage 2001. 96 Seiten, 53 Farbfotos, 26 Zeichn. ISBN 3-8001-3230-3.*

Das praxisnahe Buch wendet sich an alle Gartenbesitzer, die nicht länger Leitungswasser als Nutzwasser in Haushalt und Garten ver(sch)wenden wollen. Der Autor stellt je nach handwerklichem Geschick und Geldbeutel die verschiedenen Varianten der Regenwasserrückhaltung und -nutzung in Wort und Bild vor. Durch fundierte Hinweise können die aufgezeigten Lösungsmöglichkeiten an die individuellen Bedürfnisse angepasst werden.

Regentonnen und Zisternen. Regenwasser im Garten nutzen. *P. Hagen. 2001. 127 S., 58 Farbf., 30 Zeichn. ISBN 3-8001-3154-4.*

Die Deutsche Bibliothek — CIP-Einheitsaufnahme

Hagen, Peter:
Teichbau und Teichtechnik / Peter Hagen. –
2. Aufl. – Stuttgart : Ulmer, 1995
(Ulmer-Taschenbuch; 62)
ISBN 3-8001-6849-9
NE: GT

ISBN der 3. Auflage: 3-8001-3115-3

Wollgrasweg 41, 70599 Stuttgart (Hohenheim)
Printed in Germany
Lektorat: Gerhard Bley
Herstellung: Jürgen Sprenzel
Einbandgestaltung: Joko Sander, Werbeagentur, München
Satz: Typomedia Satztechnik GmbH, Ostfildern 3
Druck und Bindung: Georg Appl, Wemding

Wenn Sie mehr wissen wollen.

Wo genügend Platz zur Verfügung steht, kann ein Bachlauf mit Quelle einen Gartenbereich verzaubern, ebenso verlangen Wasserspiele wie Springbrunnen oder Schalenbrunnen etwas Raum, um Wirkung zu erzielen. Aber auch in räumlich beschränkten Verhältnissen läßt sich das Thema Wasser realisieren: in Gestalt eines Wandbrunnens am Rand einer Terrasse, als Vogelbrunnen oder Tränke und im Innenraum in Form reizvoller Zimmerbrunnen.

Lebendige Wasser. *Wasserläufe und Brunnen. W. zur Hausen. 1998. 141 Seiten. ISBN 3-8001-6638-0.*

Auf Terrasse und Balkon ist ein Miniaturwassergarten in Trögen und allerlei Gefäßen möglich. Abdichtung, Gestaltung und standortgerechte Bepflanzung werden Schritt für Schritt mit Hilfe von anschaulichen Fotos praxisnah erklärt.

Wassergärten. *Sprudelnde Steine und stille Teiche. D. Böswirth u.a. 2001. 96 S. ISBN 3-8001-3247-8.*

Mit dem Schwimmteich wird eine Alternative zum Swimmingpool geboten. Das Prinzip ist einfach: Der Schwimmteich ist eine Kombination von Schwimmbecken und Teich zur Wasserreinigung. Die Beherrschung der Bautechnik und Konstruktionsdetails ermöglichen eine preisgünstige Anlage und vermeiden Ausführungs- und spätere Betriebsschwierigkeiten.

Schwimmteiche. *E. Neuenschwander. 2. Aufl. 2000. 160 S. ISBN 3-8001-6672-0.*

Dieses Buch beschreibt über 280 heimische Arten Wirbelloser Tiere in Wort und Bild, die in Gartenteichen, Tümpeln oder Seen, Rinnsalen, Bächen oder Flüssen leben. Es werden aber nicht nur die häufig vorkommenden Arten aufgeführt, auch seltene, besonders interessante, häufig übersehene oder neu zugewanderte Arten werden eingehend beschrieben.

Farbatlas Süßwasserfauna. Wirbellose. *K. Grabow. 2000. 288 S., 298 Farbf. ISBN 3-8001-3145-5.*